CHARLES X

ET

LOUIS XIX

EN EXIL

MÉMOIRES INÉDITS

DU

MARQUIS DE VILLENEUVE

PUBLIÉS PAR SON ARRIÈRE-PETIT-FILS

PARIS

LIBRAIRIE PLON

E. PLON, NOURRIT ET Cie, IMPRIMEURS-ÉDITEURS

RUE GARANCIÈRE, 10

1889

Tous droits réservés

CHARLES X

ET

LOUIS XIX

EN EXIL

L'auteur et les éditeurs déclarent réserver leurs droits de traduction et de reproduction à l'étranger.

Ce volume a été déposé au ministère de l'intérieur (section de la librairie) en mars 1889.

CHARLES X

ET

LOUIS XIX

EN EXIL

MÉMOIRES INÉDITS

DU

MARQUIS DE VILLENEUVE

PUBLIÉS PAR SON ARRIÈRE-PETIT-FILS

PARIS

LIBRAIRIE PLON

E. PLON, NOURRIT ET Cⁱᵉ, IMPRIMEURS-ÉDITEURS

RUE GARANCIÈRE, 10

1889

Tous droits réservés

AVANT-PROPOS

L'histoire de la politique légitimiste après 1830, on peut la comparer à celle d'un peuple vaincu, mais resté debout dans ses revendications et ses espoirs.

Les fautes du ministère plus encore que les coups de fusil de Juillet ont renversé le trône. La Révolution a chassé Charles X. Mais parce que celui-ci n'a renié ni le passé ni l'avenir de la monarchie, parce qu'il part en Roi et qu'il restera le Roi dans l'exil, parce qu'il garde une auréole de gloire et d'honneur à défaut de sagesse, parce que la garde royale vient de se battre comme à Fontenoy et que la noblesse a serré les rangs autour du monarque, si tout est compromis, rien n'est perdu, car le principe reste fort, pur, et l'épée de l'aristocratie sans tache. Le Roi est en exil. Eh bien, on le ramènera.

Pour les légitimistes, c'est là un incident douloureux, un acte poignant dans une sorte de trilogie dont la première partie s'est jouée au Temple et sur la place de la Nation, mais ce n'est pas le dénouement. Or ils sont convaincus que la fin du drame, c'est l'apothéose de la monarchie. Illusions! Qui sait? Ils ont vu tant d'abandon et tant de brusques retours de la fortune, que pour tout ce qui ne touche pas à leur foi, ces croyants professent un scepticisme entier. Ces chevaliers, confesseurs d'un principe, estiment qu'ils peuvent tout réparer, qu'eux seuls peuvent sauver la patrie d'elle-même, et que pour réussir il n'y a qu'à rappeler à leur chef les intérêts du pays, les devoirs de la couronne et la foi dans les décrets célestes. Ce sont des mystiques qui allient à une élégante légèreté un je ne sais quoi d'héroïque dans le détachement des biens terrestres, vertu à laquelle on n'est plus guère accoutumé!

Le parti légitimiste essaye donc cette tentative suprême de pousser le Roi à l'action. Œuvre vaine! autant réchauffer un marbre avec une poitrine humaine. Charles X, le duc d'Angoulême ne sont plus que deux vieillards pour qui l'action est pesante, insupportable. Tout échoue contre leur apathie. Mais il reste un enfant, l'enfant royal, la frêle et puissante incarnation du principe de légitimité. Le duc de Bordeaux, c'est l'espoir du parti royaliste, presque un Messie!

Dès lors, s'ouvre une nouvelle période d'action pour les légitimistes. Faire de l'enfant un gentilhomme, un prince, un continuateur des grands Rois, en attendant qu'avec l'aide de Dieu et de la vertu arrive le jour du sacre, c'est leur seul rêve, leur unique pensée. Le parti légitimiste surveille avec un soin jaloux le Roi de l'avenir, et sans cesse il envoie des émissaires, comme en pèlerinage, à Kirchberg, à Goritz.

De tous ces émissaires, le marquis de Villeneuve fut le plus ardent, le plus dévoué. Accueilli chaleureusement par le monarque exilé, M. de Villeneuve (1) avait la bonne fortune de vivre quelque temps dans la presque intimité du duc d'Angoulême, qui l'estimait tout particulièrement et le connaissait de longue date.

M. de Villeneuve était une des personnalités les plus militantes du parti royaliste ; il venait de publier un livre, *De l'agonie de la France,* éloquente invective qui résumait les colères des légitimistes et les inquiétudes des penseurs en face de l'avenir. M. de Ville-

---

(1) Le marquis de Villeneuve-Villeneuve (Pons-Louis-François) naquit à Saint-Pons (Haute-Garonne) en 1774. Il mourut en 1842. — Voir PAVILLET, *Histoire généalogique de la maison de Villeneuve*, Paris, 1830.

neuve, au moment où l'empereur Napoléon effectuait son retour de l'île d'Elbe, avait été investi par le duc d'Angoulême des hautes fonctions de gouverneur du Languedoc. Il avait souffert pour la cause. La police de Napoléon l'avait traqué pendant les Cent-jours, et il n'avait dû la liberté et peut-être la vie qu'à la maladresse d'un gendarme. Louis XVIII et Charles X lui avaient confié successivement les préfectures de Tulle et de Bourges; mais M. de Villeneuve était plus qu'un préfet; c'était un caractère. Les circonstances l'avaient moins favorisé que ses services.

Écrivain de race, observateur judicieux, c'était un penseur que la chimère emportait parfois un peu loin. Cœur généreux, loyal, fidèle, il détestait la flatterie tout en gardant dans ses boutades le ton d'un homme du monde; mais cette urbanité de paroles et de manières ne couvrait qu'imparfaitement le côté un peu anguleux du caractère, qui s'affirme assez souvent dans ses écrits. La dominante de cet esprit, ce fut une foi absolue dans la royauté des Bourbons.

Un tel homme ne pouvait apporter aux pieds de son Roi que des vérités appuyées d'un dévouement à toute épreuve. Il s'était donné pour mission de triompher de l'apathie de Charles X et du duc d'Angoulême. Il pria beaucoup et longtemps et fut peu exaucé, comme on le comprendra facilement. Mais du moins il observa beaucoup. Mieux que personne il était à portée, par sa situation, de savoir ce qui se passait dans les conseils des Bourbons, de juger l'état d'esprit du Roi et de ses ministres. Il notait soigneusement toutes ses impressions.

Ce sont ces souvenirs que nous avons cru devoir publier. A notre sens, — nous sommes-nous trompés? — ils constituent un des morceaux les plus curieux qu'on ait écrits sur la politique légitimiste en 1830.

A côté d'un tableau très piquant de la Cour en exil, il y a des portraits d'hommes d'État de ce temps-là, qui, s'ils sont dessinés dans l'ardeur de la lutte par une main accusant parfois un peu trop les ombres au détriment de la ressemblance, ont du moins toutes les couleurs de la vie et de la passion.

Y a-t-il un enseignement dans ces souvenirs? Hélas! oui; mais ce n'est pas à nous à le dégager, réduits que nous sommes à déplorer ce fait : l'antique et puissant moteur de la France, la vieille noblesse condamnée si longtemps à n'affirmer son loyalisme que par l'abstention, n'ayant que l'armée pour seule carrière permise, et pour manifestation de son patriotisme que les champs de bataille de Coulmiers et du Mans.

A. de V.

CHARLES X
ET LOUIS XIX

EN EXIL

CHARLES X AU HRADSCHIN

I

Elle était donc tombée par une révolution soudaine, la dynastie légitime de la Maison de France; elle avait retrouvé dans les brumes de l'Écosse son ancien et triste refuge; et avec elle étaient tombés ses appuis les plus fermes, ses institutions anciennes, ses essais informes et jusqu'aux espérances d'un avenir ouvert à la réparation de ses fautes.

La religion comme l'administration, la propriété comme la politique, tout se précipitait dans un même chaos. Il y eut pourtant un point d'arrêt dans la modération du duc d'Orléans, dans la prudence de la bourgeoisie à qui venaient échoir tous nos avantages.

Destitué de mes fonctions politiques par le mouvement insurrectionnel, le château de Péguilhan, dans la Haute-Garonne, fut mon salutaire asile. Là, éloigné des villes et des routes, il n'y fallut subir que les mesquines tracasseries de la bourgeoisie locale et triomphante. Acceptant l'orage, je dus laisser couler la fange du ruisseau.

Éclata l'expédition de Mme la duchesse de Berry. Mon ami Ferdinand de Berthier était à Toulouse, la dirigeant, la pressant, la précipitant. Un soir, le hasard nous réunit. Il m'entretint vaguement des projets de Marie-Caroline et se garda bien de m'indiquer du doigt l'une des réalités.

C'était cependant huit jours avant celui qui fut un beau et grand jour pour cette princesse, le jour où, repoussée de Marseille par mer, elle entreprit d'aborder la Vendée, et où, en effet, elle fut amenée en voyageant de jour et de nuit, par Alban de Villeneuve-Bargemont, d'Aix à Toulouse et de Toulouse à la limite de la Vendée. Plus tard, j'ai su les détails de cette aventureuse entreprise. Mais dans le temps, je ne connus absolument rien du dessein primitif, de l'itinéraire subséquent, de l'agression ultérieure. La renommée seule m'apprit et la tentative si mal combinée et la fin si déplorable.

L'année 1832 se termina par la captivité de cette audacieuse et singulière princesse. Blaye la reçut en décembre dans sa haute citadelle; et le dernier rayon de gloire des fils de Louis XIV vint mélancoliquement s'éteindre sur les rives mêmes de la Garonne, où avait brillé, sous mes yeux, en 1814, la première lueur.

Le Roi quitta l'Écosse. L'hospitalité de la maison d'Autriche lui parut moins équivoque que celle de l'Angleterre. Bien avisé à cet égard, il avait demandé à l'empereur François II un refuge en Bohême, à Prague, au Hradschin, palais colossal des anciens rois de Bohême. Charles X y reproduisait les formes extérieures de la royauté, pendant que sa belle-fille, plus docile à des inspirations viriles qu'à l'exemple de la résignation, se lançait dans les périls d'une invasion et laissait éclater des prétentions à la régence. De là, entre cette princesse et les autres membres de la famille royale, un contraste absolu en opinions, en sentiments, en actions.

Il allait jusqu'à l'antipathie de la part du Dauphin et de Mme la Dauphine. Le Roi flottait dans son indécision habituelle. Il avait péniblement consenti à l'expédition de Marie-Caroline. La régence dont celle-ci arborait les titres et les attributs ne lui avait pas été dévolue nettement. Ce titre, à demi royal, était subordonné à telles conditions, à telles situations, à tels conseillers. La première des conditions *sine quâ non* était le succès, et un triomphe réel devait précéder l'attribution du titre électif. L'une des obligations était la conquête d'une ville à cour royale où devait s'entériner le diplôme de régente. Enfin, le conseiller imposé, le régulateur d'office, le véritable dominateur devait être le duc de Blacas.

Dans nos provinces, à Paris même, on ignorait ces dissensions, ces velléités. Jusqu'à un certain point, je m'imaginais aussi qu'au sein de la famille atteinte d'adversités si rudes, les sentiments étaient comme ils auraient dû être. Je ne présumais que des nuances : et entre celles-ci, ma prédilection était arrêtée. C'était vers le Dauphin et la Dauphine que convergeaient mes opinions. C'était donc en eux que je considérais le droit héréditaire à la couronne :

au-dessous du roi Charles X, nul à mes yeux ne devait leur disputer la ligne primordiale.

J'ignorais la situation désolante où se trouvait l'infortunée et intrépide captive du fort de Blaye. Des rumeurs incroyables commençaient à circuler. Y avait-il en ces demi-bruits vérité pitoyable ou détestable calomnie? Elle était malade. Quelle en était la cause? une faute déplorable, ou ses fatigues guerrières, ou le poison lent d'une détention malsaine, ou enfin un poison plus matériel et plus actif peut-être? Pour éclaircir ces doutes, j'entrepris un voyage à Bordeaux. Il y avait dans cette ville un orateur célèbre, un magistrat naguère éminent autant par ses hautes fonctions que par son grand cœur : je nomme M. Ravez. Je le vis, je le questionnai, sa réponse fut affirmative sur la maladie, négative sur sa cause coupable; et, soit qu'il ait été sincère ou discret, j'apportai à Paris le démenti franc des malignes rumeurs. Hélas ! le *Moniteur* et l'aveu public de la Princesse m'y avaient précédé. Pour tous et pour moi, ce dénouement fut un coup de foudre. Il atteignit mortellement le parti royaliste.

La baronne de Damas, mère de mon sympathique ami le gouverneur du jeune duc de Bordeaux, m'écrivit ces paroles :

« Mon fils m'écrit que heureusement à
« Prague le courrier n'arrive pas réguliè-
« rement. On a pu soustraire pour un jour
« le *Moniteur* au Roi, et ce jour a été em-
« ployé à lui préparer le calice amer qui,
« présenté brusquement, eût pu le tuer.
« Mme la duchesse de Berry n'est point
« régente. Mon fils me l'écrit nettement.
« C'est une usurpation ou une méprise. »

Il faut en convenir : après les humiliations subies en Angleterre, le bon roi Charles X avait dû encore savourer cette nouvelle lie. Affronts et revers, tout s'abattait à la fois sur cette âme vraiment royale, douce et vertueuse : par suite d'une faute qui pourtant n'était pas personnelle, ses partisans voyaient sa cause et la leur honteusement compromise. Beaucoup d'amis, comblés de faveurs aux plus beaux jours de la royauté, désertaient le poste de combat, les fidèles témoignaient faiblement. Ému de ce pitoyable abandon et de l'état de désorganisation dans lequel se trouvait le parti légitimiste, depuis les abdications de Rambouillet, je résolus d'entreprendre un voyage en Bohême, au Hradschin, autant pour honorer l'infortune du vieux monarque que pour éclaircir notre situation de royalistes. Je partis donc pour Prague, en passant par Vienne, le 10 juin de l'année 1835, muni de lettres d'audience auprès du prince de Metternich, chancelier de la monarchie autrichienne, auprès du comte de Chotech, grand burgrave de Bohême : attentions délicates que je devais à mes sympathiques relations avec le comte de Senfft, qui occupait alors la légation de Vienne à Florence.

J'arrivai à Vienne le jour de la Fête-Dieu. A neuf heures du matin, je m'étais rendu aux abords de la basilique de Saint-Étienne. Déjà, à cette heure matinale, la procession solennelle avait atteint le terme de son parcours. Toute la famille impériale y assistait. Les grenadiers autrichiens formaient la haie, les officiers en grande tenue suivaient, l'air très recueilli. On ne voyait qu'un officier supérieur à cheval; il portait les épaulettes de général; il était jeune, pâle et doux en ses manières : c'était le roi de Suède, le fils des Gustave, détrôné par notre Béarnais Bernadotte, travesti en prince de Wasa et en officier autrichien. Son tour de service, et non son origine royale, l'avait appelé à commander ce jour-là. Je doutais qu'il en sentît, dirai-je l'inconvenance ou l'étrangeté? Le baldaquin s'avança. Les ministres, les archiducs en habits de cérémonie le précédaient. Le clergé parut à son tour. Bientôt tous les genoux fléchirent, le Saint Sacrement passa. Immédiatement derrière le baldaquin marchaient le jeune Empereur et les deux pieuses Impératrices.

Je restai cinq jours à Vienne. Ma première visite fut à la Bibliothèque. On m'y fit voir l'empreinte d'un boulet lancé par l'artillerie de Napoléon. Ce boulet avait traversé la salle de lecture et effleuré les livres qu'avait possédés le prince Eugène de Savoie. Mémorable rapprochement! Un boulet de France effleurant à Vienne les livres du prince Eugène, qui avait failli renverser Louis XIV! Rivalité et lutte, telle fut constamment l'histoire des deux peuples : on ne saurait donc leur attribuer des sympathies réciproques... et pourtant, des affinités existent, et l'avenir devrait les féconder.

Dès le premier jour, j'avais remis à la résidence du prince de Metternich la lettre d'introduction que le comte de Senfft lui adressait par mon entremise. Il était à la campagne, près de Schœnbrunn. Malgré cela, sa réponse fut prompte et écrite de sa main même. Je l'ai conservée. La voici :

« Le prince de Metternich a eu l'honneur
« de recevoir le billet avec lequel M. le
« marquis de Villeneuve a bien voulu lui
« adresser une lettre de M. le comte de
« Senfft. Il sera charmé de recevoir mon-
« sieur le marquis, s'il veut passer chez lui,
« en ville, après deux heures, demain ou
« après-demain.

« Le prince de Metternich saisit cette
« occasion pour offrir à monsieur le mar-
« quis de Villeneuve l'expression de sa
« considération distinguée.

« Schœnbrunn, ce 19 juin 1835. »

Ce grand personnage qui va laisser dans l'histoire européenne, et surtout dans les destinées de l'Autriche, des traces profondes, j'étais empressé et honoré de le connaître. L'hôtel de la chancellerie autrichienne était le lieu du rendez-vous. Solitude au dehors, simplicité au dedans : ces premiers signes me frappèrent. Quand j'entrai, six personnes attendaient dans l'antichambre. Il n'y avait qu'un seul huissier pour recevoir. Il s'avança vers moi et me prévint en très bon français de n'être pas surpris si j'étais appelé le dernier, Son Altesse désirant converser avec moi.

Je fus appelé. Je n'avais rien à dire, rien à contredire. Voir et entendre, observer et ne pas déplaire, tel était mon unique rôle. Il ne me convenait point de blâmer les actes de Charles X, ni d'excuser les circonstances de sa chute, ni de pressentir les dispositions de l'Autriche à son rétablissement. Aucune mission ne m'était donnée. Elle eût été, d'ailleurs, inopportune et conséquemment inefficace. Néanmoins, je n'hésitai point à considérer dans le prince de

Metternich un ennemi avoué, positif, inébranlable, de l'esprit révolutionnaire. La désorganisation de la France fut notre premier texte.

« Eh! me dit le prince, c'est un peuple en dissolution!

« — Précisément. »

Et voilà en un seul mot, mot bien pénible à redire, la substance de mon jugement. Venant d'écrire alors mon livre *De l'agonie de la France,* pouvais-je, en conscience, émettre une autre idée?

« C'est Louis XIV, poursuivit M. de Metternich, qui a commencé de bouleverser votre monarchie par ses guerres continuelles. »

Il y avait du vrai et du faux dans ce jugement. Je glissai sur le côté faux. Il émanait du ministre autrichien et révélait des rancunes toujours subsistantes. J'approuvai la vérité en ce qui concernait l'excessive concentration du pouvoir dans la personne royale ; et alors je me détournai rapidement de Louis XIV à Louis XVIII, prince envers qui la critique devait nous mettre aisément d'accord.

« Il a manqué la Restauration », dis-je.

M. de Metternich applaudit à cet arrêt.

J'ajoutai : « Et les formes de gouvernement qu'il a substituées à nos anciennes lois, et ses tâtonnements, et ses ministres ont réchauffé la Révolution qu'il devait étouffer.

« — Rien de plus exact », reprit le prince de Metternich. « Louis XVIII s'est bien trompé : et ses ministres ! et moi aussi je les ai vus ! j'ai vu Villèle ! » nom qu'il prononça sans y adjoindre la qualification de monsieur, d'un ton dédaigneux, d'un geste repoussant : tellement que le compatriote et non l'ami de M. de Villèle fut quasi déconcerté par une opinion si complètement harmonique.

De la Restauration et de ses épisodes

je fus amené à parler du midi de la France, de ses droits spéciaux, de ses rapports avec l'Espagne... « Ah! l'Espagne! » dit le prince avec un accent de douleur qui me parut naturel, « quel malheureux pays! Que deviendra-t-il? »

Pronostic déjà réalisé aujourd'hui par huit ans de carnage. On a reproché, et avec raison, aux souverains étrangers l'abandon où ils ont laissé l'Espagne aux prises avec le fléau redoublé d'une révolution morale et d'une usurpation royale. Telle (on l'aperçoit ici) n'était point au fond du cœur l'opinion du chef de la monarchie autrichienne.

Insensiblement le ministre oublia son rôle, et je gardai le mien. Il semblait que son affaire était de me questionner sur l'état intérieur de la France ou sur les événements antérieurs. Mais il se jeta sur les généralités avec une abondance, une éloquence, une élégance d'expressions françaises qui excitèrent mon admiration. Des idées métaphysiques brillaient sur ses lèvres avec lucidité. Une seule fois, le fil des pensées suivies lui échappa. Je vis l'effort pour en renouer les bouts, et il y parvint vite. Une heure s'écoula ainsi dans l'effusion de cette haute et habile intelligence. Quelquefois le ton de son discours, car on aurait écrit ses paroles, se détendait avec grâce. Comparant l'organisation partielle de la monarchie autrichienne avec l'intensité concentrée de la monarchie française, M. de Metternich ajouta : « Pour nous, les révolutions ne seraient point l'incendie d'une forêt. Que le Hongrois se révolte, et il paraît quelquefois en avoir envie : car la Hongrie, c'est encore le moyen âge ; immédiatement nous lui opposerions la Bohème, ils se détestent, et ensuite ou le Polonais, ou l'Allemand, ou l'Italien. »

De ce point général, arrivant à sa situation personnelle : « Tous ces filaments sont un peu difficiles à débrouiller. Travailler douze heures par jour est mon lot ; et de ces heures-là, quatre en allemand, quatre en français, une en italien, une en langue slave, deux en latin. Où est un dédommagement à tant de peines ? des honneurs ? Vous le voyez déjà : la cour d'Autriche, qui, lorsqu'elle le juge à propos, sait paraître avec éclat, ne montre en ses habitudes qu'une grande simplicité. Le lucre ? (*en laissant tomber ses bras avec dédain*) ma fortune personnelle me suffirait. Mais attelé à cette vaste machine, j'y accomplis ma tâche. Elle fut imposée par les bontés de l'Empereur que nous venons de perdre. Quel prince que l'empereur François ! Il fut le modèle, le type des souverains. Jamais nous ne pourrons réparer sa perte. »

Et il est vrai, le jeune successeur de François, Ferdinand, paraissait, par ses qualités physiques et intellectuelles, le fils le moins propre à atténuer les regrets donnés au père, le souverain le moins apte à supporter dans les temps les plus calmes, moins encore en des jours si critiques que les nôtres, le poids d'une monarchie. Aurait-il assez de force seulement pour soutenir M. de Metternich contre ses adversaires ou contre ses envieux? car un tel mérite pouvait-il n'en pas avoir? Ce doute, éprouvé déjà par l'insigne chancelier de l'Autriche, fatiguait sans doute un peu son cœur et aggravait ses sollicitudes. Il était juste qu'il en ressentit des anxiétés pour son pays; il était naturel aussi que la fierté de son âme en fût effleurée. Mais là, ses paroles se détournèrent. J'admirai comment un homme de cette trempe savait faire la part de la confidence sans entamer celle de la discrétion.

Aussi dois-je rectifier le jugement que j'exprimais tout à l'heure en disant *qu'il oublia son rôle*. Il parla beaucoup et m'interrogea peu. Mais en maîtrisant l'entretien, il lui donna le tour qui lui plut. En limitant mes paroles au lieu de les provoquer, il m'empêcha d'aborder la thèse du rétablissement de Charles X : thèse dont il pressentait et évitait de loin la délicatesse. M'assujettir à l'ignorance de ses intentions était son rôle : il le remplit. L'entraîner sur un terrain propice à la branche déchue et adverse à l'usurpation orléanaise aurait pu être le mien. Je n'osai pas et je n'aurais pu même l'essayer. Tel fut l'effet réel. Aussi, il me laissa plus que satisfait, admirateur de son beau langage. La réflexion seule m'en montra le vide en tant que résultats utiles. Je dus, quant à moi, ne lui laisser l'impression que d'un voyageur ordinaire, loyal et simple : et je ne méritais pas davantage. Son mot d'adieu fut :

« Veuillez offrir mes respects au Roi et tous mes compliments au duc de Blacas.

— Le duc de Blacas! répétai-je avec l'expression de la surprise. Oh! en France, la faveur publique et ce nom paraissent choses bien distinctes. »

Le Prince reprit d'un ton de voix ferme :

« Oui, le duc de Blacas : il entend très bien, très bien les affaires. Tous mes compliments, je vous prie. »

Ces dernières paroles me furent salutaires. J'arrivais en Autriche avec les préventions générales existant en France contre l'homme qui dominait alors la petite cour de Prague. Or, que venais-je faire à cette cour? Censurer, heurter, choquer? cela valait-il la peine de mes six cents lieues? Je tenais à ce personnage par le fond de nos pensées communes. Allais-je me proposer d'arrondir ses formes aiguës, de redresser des façons de voir qui sympathisaient avec celles de M. de Metternich? L'avis de ce premier ministre retentit en moi et servit à rectifier ma démarche.

Le 23 juin, je repris ma route et cheminai vers la Bohême. J'arrivai à Prague deux semaines après mon départ de Paris, le 25 juin de l'année 1835.

II

Le faubourg qui conduit au Hradschin est séparé de la cité de Prague par un antique et magnifique pont jeté sur la Moldau. A droite et à gauche, tout le long du pont règnent en grand nombre des statues de saints, en pierre, à demi colossales, représentant le Sauveur, ses apôtres, des héros du christianisme. Quelques-unes de ces statues ont la tête ornée de rayons en cuivre doré qui étincellent au soleil. L'effigie du Sauveur rayonne plus somptueusement, le passant la salue avec respect. La statue de saint Jean Népomucène est pareillement décorée. Elle exige aussi un salut (1).

---

(1) Le lendemain, comme je traversais le pont, je croisai un Allemand. Il m'arrêta, m'apostropha vivement. Pour quelle

La cathédrale et le palais sont les deux seuls monuments de Prague. Ces deux édifices contigus, réunis sous le nom de Hradschin, présentent à l'esprit l'idée de l'opulence et de la grandeur des anciens rois de Bohême. Où les *deux majestés*, s'il est permis de répéter ce mot de Bossuet, ont-elles, Rome à part, laissé de leurs deux temples réunis une masse monumentale plus imposante?

Dans la cathédrale vit la majesté divine et dort en des mausolées vraiment pompeux la majesté royale. L'architecture de la basilique présente une infinité de détails curieux, riches, antiques, historiques. La

---

cause, me disais-je, de telles imprécations? Ai-je oublié le salut en l'honneur du Sauveur ou de saint Jean Népomucène? Le soir, je m'enquis auprès du cardinal de Latil quels avaient pu être mes torts. J'en avais deux : l'un était de porter à ma boutonnière un bout de ruban rouge, signe français, haï des Germains; l'autre, encore plus grave, était ma méprise entre les deux trottoirs. Les piétons devaient n'user de ceux-ci que par files : à droite, la file montante; à gauche, la file descendante. Tout passant contrevenant à la règle était vertement admonesté.

grande sculpture se révèle par de nombreuses statues de saints; parmi elles, la statue d'argent massif de saint Jean Népomucène brille d'un très vif éclat; les tombeaux des empereurs ensevelis dans cette pieuse enceinte ont un caractère de haut goût artistique. Sur l'un des côtés s'élevait la tribune qu'occupait la famille royale de France. Les exilés y parvenaient par une galerie intérieure qui communiquait du château à cette tribune. La fête du 29 juin m'attira aux offices. Je fus vivement impressionné, d'abord par l'aspect des chanoines crossés, mitrés, vêtus comme les évêques, assis des deux côtés du chœur et présentant à la vue une apparence de concile; puis, par la mélodie de la musique allemande, dont les sons jaillissaient des lèvres d'une légion d'enfants de chœur et emplissaient d'une suavité pénétrante toute la basilique.

Le Hradschin est non moins somptueux. C'est un édifice colossal formé de pierres immenses élevées on ne sait par quelle force à une telle hauteur. Extérieurement, il a plutôt l'aspect citadelle que palais. Intérieurement, il est superbe. Le premier étage se compose de onze salles très richement décorées. Six croisées éclairent quelques-unes de ces vastes divisions. Une pièce était destinée aux états de Bohême : Charles-Quint y avait, dit-on, présidé. Les stalles du clergé, des seigneurs, des chevaliers, de la bourgeoisie, y signalaient les différents degrés de la hiérarchie militaire, de la propriété et des charges administratives. Tout près de cette vaste salle se trouvait la chambre à coucher des empereurs. Eux et les états formaient donc une famille. La cour d'Autriche offre souvent un reflet de la simplicité patriarcale. Dans la chambre des empereurs est une alcôve renfermant deux lits étroits et voisins : symbole de concorde. Hors de l'alcôve et dans les autres pièces tout rappelait la famille; çà et là se multipliaient les portraits des ancêtres, et entre ceux-ci dominait la majestueuse figure de Marie-Thérèse. Nulle image ne remémorait le souvenir des anciens rois de Bohême. Ils élevèrent ce palais, ils le transmirent; et l'ingratitude de l'Autriche oublie et leurs noms et leurs bienfaits. Le Hradschin était trop vaste pour ces infortunés rois, ils ne purent le remplir; et l'Autriche en le décorant de ses propres grandeurs ne tient nul compte des sacrifices que se sont imposés les ancêtres maternels des Habsbourg ou de Lorraine.

En offrant l'hospitalité du Hradschin à Charles X, l'empereur François II s'était réservé, pour son usage personnel, le premier étage du monument. Mais la famille impériale d'Autriche n'y venait que rarement, pendant la belle saison, de sorte que ces appartements somptueux demeuraient inhabités la majeure partie de l'année. Le deuxième étage, plus sobre de décoration, mais non moins vaste que l'étage inférieur, avait été mis à la disposition de Charles X. C'était donc là qu'étaient éparpillés, et non entassés, comme on s'est permis de le dire, les exilés de France.

Aux beaux jours, à l'été, ou encore pendant le séjour au Hradschin de la famille impériale d'Autriche, les exilés se déplaçaient. Ils se retiraient aux environs de Prague. Cette agréable diversion était offerte au Roi par une famille d'origine française, dont quelques membres s'étaient fait naturaliser Autrichiens. Je nomme la famille bretonne des ducs et princes de Rohan, aussi insigne en Bohême par ses possessions, qu'elle avait été insigne en France par ses grandeurs. Cette illustre race ne méconnaissait pas ses anciens souverains. Toutes ses ressources étaient mises à la disposition de la famille royale de France.

Le train de maison, au Hradschin, offrait

un pâle reflet de l'ancienne splendeur des Tuileries. Aux grilles du palais, Charles X avait sa garde d'honneur, son factionnaire à la porte de son appartement. L'étiquette officielle n'y perdait pas ses droits. Tout était réglé et ordonné comme à Paris. Pour obtenir une audience du Roi, il fallait écrire au premier ministre, le duc de Blacas ; celui-ci répondait, et l'on était admis.

Le Roi avait encore son entourage. Il se composait : de son fils, de sa belle-fille, de ses deux petits-enfants, de Son Éminence le cardinal de Latil, du duc et de la duchesse de Blacas. Madame la Dauphine avait aussi sa suite : la vicomtesse d'Agout, sa compagne habituelle, l'évêque d'Hermopolis et l'abbé Trébuquet. Puis venait le précepteur de M. le duc de Bordeaux et de Mademoiselle : le comte de Saint-Chamand. Il connaissait l'art de la grande guerre et s'honorait de l'avoir faite en qualité d'aide de camp du maréchal Soult. Un autre

Saint-Chamand, son neveu, prenait part aux récréations du jeune prince. Il y avait encore le savant docteur Bourgon, le confesseur de la cour, l'abbé *** et le premier valet de chambre du Roi, le fidèle Gros. Celui-ci n'avait jamais quitté Charles X ni avant, ni pendant, ni après son règne. S'il n'y avait point de grand homme pour remplir l'office de valet de chambre du Roi, il n'y avait pas non plus de Roi pour le fidèle Gros. Il aimait Charles X, l'honorait et le soignait à merveille. Il le blâmait aussi. Il s'exerçait à l'opposition et appartenait au parti vaincu du constitutionnalisme. Le grand nombre de valets de chambre et de gens de service du Hradschin occasionnait une véritable dilapidation des deniers du Roi. Mais Charles X considérait ses capitaux comme des revenus. Il ne les ménageait pas, et, à son exemple, les autres ne les épargnaient guère.

Dès le passage du Rhin, de Kehl, j'avais

prévenu de mon arrivée prochaine mon ancien compagnon de fidélité et d'opposition : le cardinal de Latil. En entrant au Hradschin, je me trouvai face à face avec un homme vêtu de noir, petit et replet : c'était Son Éminence. Quelle surprise en lui! Ma lettre ne lui était point parvenue. Il m'apprit que la famille royale était absente pour deux jours, me prévint qu'il fallait écrire au duc de Blacas avant d'obtenir audience du Roi.

« Quoi! en Bohême, au Hradschin, une étiquette comme en France et à Saint-Cloud? Quoi! encore et toujours de l'étiquette?

— Il faut bien tracer une ligne autour du Roi. »

Le cardinal avait bien raison. Mais pour qui arrivait au centre de l'adversité et par monts et par vaux, y rencontrer un cercle à franchir encore me parut dur à ouïr. Car la demande admet la chance du refus.

Il résultait du premier aperçu que le
duc de Blacas s'était rendu la pierre angulaire de l'exil. Je l'avais pressenti par les
dernières paroles de M. de Metternich, et
j'en inférais l'accord établi entre ces deux
personnages, ainsi que la nécessité plus
impérieuse pour moi d'y coordonner mes
paroles.

Les confidences du cardinal m'expliquèrent la cause et la série des dissensions
survenues au sein de la famille royale.

Les abdications du titre royal par le Roi
et par le Dauphin, à Rambouillet, dans les
faiblesses de 1830, en avaient jeté la première étincelle. Ces abdications furent-elles
valides ou invalides? La conséquence de
la validité, c'était que, face à face du droit
rigoureux, le titre et le droit de Roi de
France étaient dévolus à un enfant, au duc
de Bordeaux.

La violence à Rambouillet n'était pas
contestable. Aussi l'opinion qui voulait s'en

prévaloir parlait d'un acte confirmatif, libre et spontané, émané d'Angleterre. Quelle en était la portée? Pour moi, c'était nullité pleine. La royauté, dans ma doctrine, est un accord synallagmatique et non susceptible d'être abrogé par la volonté unilatérale. Nul fait dans l'histoire de la monarchie n'est opposé à cette doctrine : tous la confirment...

Le cardinal de Latil, et plus tard le duc de Blacas, considéraient moins le droit absolu. Ils s'attachaient au fait : méthode moins tranchante, indécise, imprudente : et ce fait, me dirent-ils, le voici en ses trois degrés.

Du roi Charles X est effectivement émané, en Angleterre, un nouvel acte où il confirme sa renonciation au trône; il l'a transmis à plusieurs cours d'Europe; mais il ne l'a point promulgué au dehors. Son fils, M. le Dauphin, n'a pas voulu y apposer sa signature. Ensuite et quand la duchesse de

Berry lui communiqua le dessein de son expédition en France, il lui conféra le titre de régente, mais sous des conditions absolues et *sine quâ non*. L'une, c'était le succès préalable; c'était l'occupation permanente d'une ville à cour royale, où se ferait l'homologation du droit de la régente. C'était encore la formation d'un ministère irrévocable; ses membres étaient nominativement indiqués par le Roi. M. de Blacas en était le premier, le chef inamovible, le guide suprême. A lui donc se trouvait dévolue la régence effective.

En Italie, à Massa, ces conventions avaient été mises sous les yeux de la Princesse. Elle s'y était refusée, et, par suite, M. de Blacas avait rapporté dans son portefeuille, à Prague, l'acte constitutif de la régence.

Le refus du Dauphin d'adhérer pour son compte à la transmission du titre royal réservait à ce Prince tous ses droits à venir, mais en reportait l'exercice au Roi, son père, alors que ce père auguste déclarait n'en plus vouloir.

L'attribution de la régence à la mère du duc de Bordeaux excluait du trône et le père qui conférait cette régence, et le fils qui pourtant maintenait ses droits éventuels, et même le petit-fils, à qui l'on ne permettait point de dépasser par aucun indice extérieur ni intérieur la dénomination du duc de Bordeaux et sa place au troisième rang.

Puis, régence donnée par le Roi, reçue et arborée par la Princesse militante, néanmoins révocable en cas de revers, singulièrement restreinte et conditionnelle en cas de succès : pouvoir de décorum en faveur de cette mère victorieuse, d'efficacité et de réalité en faveur du duc de Blacas, qui recueillait en Bohême la palme des victoires sans avoir payé de sa personne, qui rapportait en France le titre usé de favori de

Louis XVIII, de favori, disaient toutes les voix, insuffisant, arrogant.

En France, les voix de la renommée : les journaux, les tribunaux, la Vendée, Chateaubriand ne proclamaient plus que Henry V. De là, un effet, un mouvement bien étranges. Plus d'enthousiasme que de réflexion, caractère indélébile du royalisme, en fut le provocateur.

Au jour fixé pour la majorité légale des rois de France, le jour où M. le duc de Bordeaux dépassa ses treize ans, un bon nombre de tout jeunes gens qui s'attribuèrent la mission de le proclamer Roi, accoururent de Paris à Prague. En vain le bon roi Charles X exige de ces ambassadeurs spontanés une réserve absolue et silencieuse envers son jeune petit-fils. On adresse au Prince adolescent un discours qui lui met sur le front la couronne figurative. Les mots : *Sire, Votre Majesté*, y rayonnent. C'est un jeune et éloquent royaliste, le vicomte Édouard Walsh, qui écrit et prononce ce discours solennel. Il avait lui-même promis le silence; mais, saisi de zèle à la vue du noble enfant, « *il oublia sa promesse* », m'a-t-il dit plus tard, et il tourna et retourna le poignard dans le sein royal. Ces jeunes étourdis, plus dévoués que réfléchis, demandent au Roi, au Dauphin, à la Dauphine une audience de congé. Elle n'est pas accueillie. Et le lendemain, la famille royale prend le chemin de Vienne. Quel était le quotient de toutes ces fautes ? Accroissement de perturbation, de divisions, de faiblesse.

Les blessures de ce fâcheux et ridicule ébat se trouvaient récentes quand j'arrivai à Prague... Fatalité plus pénible encore! La duchesse de Berry, mortellement blessée en ses espérances, en ses prétentions viriles, en son honneur de femme, n'avait pas craint de se montrer à Prague. Au lieu de l'humilité, l'assurance; au lieu des supplications, le reproche : telle y avait été son allure. Tandis qu'un carrosse de louage, à deux chevaux communs, promenait de temps à autre le roi Charles X, quatre fringants coursiers emportaient la voiture de la Duchesse. Tandis que l'orpheline du Temple implorait de Dieu le pardon de ses fautes, la veuve du duc de Berry s'adjugeait l'oubli des siennes. Ni la vertu, ni l'âge, ni le rang, ni la destinée extraordinaire de la Dauphine n'imposaient à sa belle-sœur.

Un jour, dans l'appartement de la Dauphine, les portes ouvertes, le cortège d'Italie prêtant à ses hardies paroles une oreille indiscrète, elle avait osé comme mère réelle censurer et gourmander la mère adoptive des deux jeunes enfants, la gourmander en de tels termes, que la fière et infortunée Dauphine en versa d'abondantes larmes.

Il est facile d'imaginer l'impression de telles scènes et sur le vieux monarque et sur le Dauphin surtout.

Improuver, approuver les actes de la duchesse de Berry devint pour ces cœurs brisés la constante et cruelle préoccupation. De là, dans cette cour imperceptible aux yeux, deux partis. De là, scission entre les personnes, et haines et affronts, et même enfin, violences.

L'un des personnages les plus insignes entre les courtisans du malheur, c'était ma tante, la duchesse de Gontaut, si courageuse, si vigilante et si habile gouvernante des deux précieux rejetons de feu le duc de Berry. Douée du tact féminin au suprême degré, mais subitement docile à un fatal travers, elle avait dévié vers la duchesse de Berry. Jadis la Princesse et ma tante s'étaient, pour ainsi dire, détestées. Aux Tuileries, à Saint-Cloud, l'oubli des égards avait réciproquement excédé la mesure; et voici qu'à Prague, les caractères, les intérêts s'étaient confondus dans une étroite union.

« *Ne forçons point notre talent* », a si bien dit notre trop sage fabuliste. Mme de Gontaut avait trop peu suivi cet éloquent conseil. Aucune langue ne manie la conversation avec plus d'agrément ; aucune tête n'est plus vide en politique. Deux travers s'y étaient mis. La Charte constitutionnelle en était un ; l'autre, un vieux projet de mariage entre Mademoiselle et le duc de Chartres. La duchesse de Gontaut entrevoyait dans cette union son élève, le duc de Bordeaux, installé sur le trône de France, et sa seconde élève, Mademoiselle, établie solidement au premier degré du même trône ; avec sa jeune et jolie épouse, le duc de Chartres était tout prêt à former une autre lignée de rois, si la lignée primitive défaillait. Résultat de cette combinaison : branche cadette, Bordeaux, Orléans, Condé, présent et avenir, tout cela confondu, uni par la main, par le sang, par l'intérêt, par la fortune, tous agglomérés autour d'un trône identique; tel était l'ingénieux roman qui charmait sa vivacité et qui aplanissait en exil des devoirs scrupuleusement accomplis.

Voir régner son fils était en définitive toute l'ambition de Mme la duchesse de Berry. Ainsi, par cette voie commune, retour et concordance entre la princesse et la duchesse de Gontaut.

Voir M. le duc de Bordeaux élevé dans les systèmes constitutionnels était l'incorrigible manie dont divers exilés du Hradschin demeuraient infatués. Ils s'étaient comme agglomérés en un parti; et ce parti ne laissait pas d'être important par le nom, puissant par le savoir.

Le duc et la duchesse de Grammont lui prêtaient l'appui de leur nom brillant : couple accompli en beauté; nul ou obtus en politique. M. de Grammont, connu d'abord sous le titre de duc de Guiche, l'un des trois fidèles Français que le Dauphin avait amenés, en 1814, d'Angleterre à Bayonne, avait suivi le Prince dans ses vicissitudes militaires, puis dans ses erreurs politiques. Le duc de Guiche, duc de Grammont, conservait en relief le caractère propre au constitutionnalisme des hommes de cour : incapacité et suffisance.

Un homme de savoir donnait un dangereux et large cours aux opinions bâtardes. Il s'appelait Barande. Admis aux Tuileries au nombre des professeurs du duc de Bordeaux, il demeurait à Prague son unique directeur. Élève fort distingué de l'École polytechnique, il apportait dans sa méthode d'enseignement les doctrines, la sécheresse de cette aride école. Je l'avais vu à Paris, disséquant avec une merveilleuse clarté les éléments de la grammaire et de l'histoire. Maintenant que les années de l'auguste élève arrivaient aux études réfléchies, l'histoire, dans ses mains, se transformait en politique : la politique de

M. Barande. Ce jeune et hardi professeur, infatué de son savoir, repoussant la censure, la contradiction, et même la surveillance, s'acheminait vers la prétention de régner sur l'éducation du duc de Bordeaux et d'y façonner un type de roi à sa fantaisie : type matériel, irréligieux, froid, sec, n'opérant sur un peuple qu'au gré de calculs et de forces mécaniques.

Restait pourtant à Prague le gouverneur nominal du duc de Bordeaux : mon ancien compagnon d'armes, le baron de Damas. Son intelligence, son caractère, ses vertus ont été suffisamment jugés en ses écrits. Il était de force à voir le mal, mais l'éviter, diriger l'enseignement de M. Barande : impossible; il ne pouvait dominer l'instrument qu'en brisant la personne.

Vacillant dans ses doctrines politiques, Damas était certes inflexible dans les sentiments opposés à la révolution, propices à la religion : et celle-ci lui inspirait l'énergie, l'éclairait même des lumières que lui refusait la nature.

Il était donc plus un obstacle qu'un appui à la coalition constitutionnelle. Mais à son défaut, ce parti charma, entraîna la duchesse de Gontaut. Ses moteurs étaient sans cesse avec elle : le duc de Grammont, par son rang; M. Barande comme professeur de la jeune princesse; et tous deux aiguillonnaient tantôt sa légèreté en affaires, tantôt sa dextérité et sa finesse en intrigues, l'amenaient à user de son influence accoutumée et bien séduisante sur l'esprit de notre vieux et affectueux monarque.

Une bannière fut donnée à cette frêle armée : elle arbora l'effigie de Mme la duchesse de Berry. On révéra ce nom, la personne, le crédit de la mère du jeune Prince. Regarder cet enfant comme le vrai Roi, sa mère comme régente, le roi Charles X et le Dauphin comme des objets d'un culte suranné, tel fut l'axiome qui de Prague aboutissait à l'opinion désormais presque généralisée en France.

Au fait, c'était deux fois détrôner Charles X; c'était travestir le Dauphin et la Dauphine en caricatures; c'était peupler d'ombres le palais de l'infortune et changer le Hradschin en tombeau.

Prise ainsi dans les filets de sa propre imagination, et dans l'engrenage d'un parti dévoyé, la duchesse de Gontaut s'était rendue imprudemment l'appui de Mme la duchesse de Berry, le partisan du constitutionnalisme français, le pivot d'une intrigue profonde.

Mais en face de ce parti, s'étaient placés deux adversaires redoutables : le cardinal de Latil et le duc de Blacas. Le cardinal, moins actif que spéculatif, n'obtenait d'efficacité sur l'esprit du Roi que par une longue série de souvenirs.

Autre était le duc de Blacas, ancien favori, ancien ministre, ancien ambassadeur. Il avait fréquenté la plupart des rois et des ministres d'Europe ; il jouissait d'une fortune immense. A ces deux avantages dont l'adversité actuelle rehaussait le prix, il joignait un esprit assez délié, un caractère ferme, des principes absolus, un goût naturel de despotisme. Bien de graves défauts altéraient ses qualités... Point d'éloquence, point d'idées ; mais un silence imperturbable qui déconcertait les paroles d'autrui ; une gravité qui prenait l'apparence des pensées réfléchies. A cette grave taciturnité s'unissaient une figure noble, belle, glaciale, un regard fixe et hautain, une stature élevée et raide, des formes aiguës et sèches. Il aimait, cultivait, connaissait très bien les beaux-arts, les antiquités, les livres et leurs éditions. Ces goûts honorables décelaient en lui moins un amateur qui suit son instinct qu'un protecteur éclairé qui use noblement de son opulence, et il en était fier ; sa fortune avait surgi de l'humilité au comble. Orgueilleux comme gentilhomme, comme favori, comme ministre, comme beau, il avait soulevé la haine et l'envie de Paris, de la cour et de presque tous ceux qui croisaient ou suivaient sa route. Mais il n'en tenait nul compte, ne croyait qu'en sa bonne étoile, aspirait à être tout n'importe où, ministre de l'adversité, ne pouvant l'être sous Louis XVIII, roi lui-même à Prague, ne pouvant l'être à Saint-Cloud.

Toutefois, il est juste d'adoucir ces traits rigoureux et vrais par d'autres remarques non moins sincères. Son ambition fut sans proportion avec ses talents : mais il la dévoua à la famille royale dont tant d'autres amis désertaient le triste et lourd drapeau. Sa richesse était colossale : mais, à l'imitation de tant d'opulents serviteurs du trône, ne pouvait-il pas en jouir soit dans ses terres de Provence, soit dans son hôtel de Paris? Son cabinet d'antiques et de médailles, objet de ses soins assidus, l'avait-il suivi en Écosse, en Bohème? Et si des goûts ambitieux étaient satisfaits, des goûts plus doux et plus complets n'étaient-ils pas immolés? Son inquiète jalousie a pu repousser des Princes le mérite dont il avait peur; mais l'inflexibilité de son caractère a maintenu les Princes eux-mêmes sur la ligne de la vérité : sans lui, une éducation de libéralisme aurait frappé à la tête et au cœur le duc de Bordeaux : et s'il est vrai qu'il a rectifié les penchants du jeune Prince et la tendance indiscrète de ses instituteurs, n'aura-t-il pas rendu sur un point si grave à sa patrie un inappréciable service?

Abordant face à face ses adversaires, il ne varia point en ses vues dans les luttes fatigantes. Son premier antagoniste fut Mme la duchesse de Berry. Il l'avait vue, à Massa, dans le feu de ses préparatifs; elle y fut rétive à ses avis, tantôt sages, tantôt prétentieux. La raideur du ministre n'avait point imposé à la témérité de l'héroïne. Ils s'étaient séparés sous le vent de la haine.

Dans les déplorables revers subis en Bretagne par la princesse, le duc de Blacas avait d'abord vu un triomphe sur une rivale. Dans les apparitions qu'osa faire à Prague la princesse vaincue et réduite à de dures équivoques, il n'avait ensuite jeté sur elle que des regards de dédain. Il affectait de ne voir en cette duchesse que la comtesse de Lucchesi. C'était un ennemi rude, mais ni déguisé ni mobile.

Le chef du parti adverse ainsi renversé, le duc de Blacas avait poussé à bout la victoire. Son orgueil s'adressait à la conscience du Roi ; la fierté blessée du Roi et du Dauphin lui répondait par un crédit sans bornes. M. de Blacas en usa et vite et en toute rigueur : il décomposa le parti constitutionnel, et sans regret pour l'instruction de M. le duc de Bordeaux, il expulsa M. Barande; sans égard pour le rang, il interdit l'accès du Hradschin au duc et à la duchesse de Grammont; sans pitié même pour les affections du jeune Prince, il renvoya en Auvergne le dévoué La Villate, homme fidèle aux amitiés, mais infidèle aux principes religieux et politiques dont la jeunesse de Henri V devait être entourée comme d'un rempart. Tous ces affidés, tous ces intimes, tous ces compagnons de l'exil, furent exilés du Hradschin et cantonnés dans les rues de Prague.

Comment toutefois remplir le vide que l'expulsion de M. Barande laissait dans l'éducation du duc de Bordeaux ? Une idée hardie survint; un coup décisif fut résolu. Le baron de Damas inspira l'une; le duc de Blacas approuva l'autre. Avant 1830, le cri de : *A bas les Jésuites!* avait été le cri de guerre des libéraux; de stupides royalistes et les constitutionnels surtout l'avaient répété à satiété. Dans le fait, les maximes des Jésuites étaient diamétralement opposées aux théories qui avaient renversé le trône ; et dans le fait aussi, nul ordre ne possédait mieux l'art, les sciences, les bonnes méthodes pédagogiques.

Charles X, par une de ses fautes suprêmes, leur avait ravi la liberté de l'enseignement. Cette faute capitale eut une expiation pénible. Il fut obligé de supplier les Jésuites pour les décider à venir et à enseigner son petit-fils. Le premier refus qu'il obtint ne fit que fortifier sa résolution. Charles X écrivit lui-même au Pape pour obtenir de Sa Sainteté l'acte impératif qui, en cet Ordre aussi humble qu'habile, détruit toute résistance.

Le Pape prononça : deux Jésuites furent envoyés. Ils s'appelaient : les Pères Druilhet et Deplace, les mêmes qui avaient occupé des postes importants au collège de Saint-Acheul, d'où Charles X, sans discernement, avait, quatre années auparavant, renvoyé leurs mille élèves.

Le Père Druilhet possédait la grâce et l'aménité du langage; le Père Deplace, l'art et la vivacité de l'enseignement.

Il y avait à peine six mois qu'ils étaient installés à Prague, quand la révolution en tressaillit au loin; et suivant l'usage inévitable, la stupidité du royalisme lui servit d'organe. On s'écria de Paris : *Des Jésuites! M. le duc de Bordeaux livré aux Jésuites, aux Capucins, aux moines! C'est un moine qui deviendrait roi de France!* Et tous ces ineptes propos de trouver au Hradschin des échos bruyants : et tantôt l'indévotion, tantôt la pusillanimité de grossir ces cris lointains; et les princes eux-mêmes d'y prêter l'oreille, d'y subordonner leur foi, de croire encore à ce fantôme appelé l'opinion publique; et le roi Charles X de réitérer à Prague ses torts de Paris. Les deux Jésuites sont expulsés. Faute dans la demande ou faute dans l'expulsion, dilemme évident ! Le baron de Damas s'imputa la première ; et s'honorant de servir de manteau aux inconséquences de la volonté royale, peut-être aussi las d'un rôle qui excédait ses forces, il résigna son titre de gouverneur, quitta Prague peu de temps après le départ des deux Pères Jésuites, et laissa M. de Blacas presque seul aux prises avec le libéralisme joyeux de son succès, avec la famille royale effrayée de ces clameurs.

Aux Jésuites avait succédé par un choix fort heureux l'évêque d'Hermopolis, qui, du fond du Rouergue, vieux, paralytique, accourut, amenant à son aide l'abbé Trébuquet, prêtre encore jeune, d'une admirable douceur, éminent en vertus et en talents. La rudesse ferme et clairvoyante de l'évêque rouergat a triomphé de la violence naturelle du fils du duc de Berry ; l'instruction variée et aimable de l'abbé

Trébuquet a meublé l'intelligence du duc de Bordeaux. Par le premier, la fougue qui débordait s'est arrêtée au point de l'énergie; par le second, l'esprit s'est orné et le cœur s'est épanoui. Hommage à ces deux excellents hommes! Honneur au discernement qui les appela!

Mais en choses si graves le discernement n'est pas d'ordinaire l'apanage des femmes. A elles l'instinct, le tact, une exquise finesse. Ainsi fut éminemment dotée la duchesse de Gontaut par la fée qui, à sa naissance, la doua de bien des dons. Comment le tact qui agit sur soi-même et fait discerner sa propre aptitude y fut-il omis? Apte à charmer de ses saillies la solitude du Hradschin, Mme de Gontaut ne s'aperçut point qu'elle y portait le trouble par d'intempestives clameurs. La Charte d'abord! Et puis, Barande! et puis, à bas les Jésuites! Fi des Jésuites! Et, par contre-coup, fi de Damas! fi de Blacas! L'oreille de Charles X n'y avait pas été insensible ; et les discours intimes de la duchesse et ses observations malignes avaient quelque peu influé sur le renvoi inconséquent des deux savants instituteurs : les Pères Druilhet et Deplace.

Vaincu par Mme de Gontaut, le duc de Blacas sentit l'impérieuse nécessité de prévenir d'autres défaites. De gré ou de force il avait redressé les contradicteurs. Seule, la duchesse de Gontaut restait en face du duc, résolue et provocante. En elle donc il voyait avec raison un adversaire redoutable. Le Roi chérissait Mme de Gontaut ; les jeunes enfants l'adoraient : ils lui devaient leur existence morale et même physique. La déraciner de sa position était fort difficile.

Imprudente, mais franche, Mme de Gontaut épanchait dans les lettres adressées à ses filles ses opinions, ses sensations, ses plaintes et ses jugements. M. de Blacas fit une démarche auprès du prince de Metternich et obtint de lui l'autorisation d'intercepter à la frontière autrichienne la correspondance de la duchesse de Gontaut. Ma tante m'a raconté plus tard qu'une lettre, en effet, fut saisie. Le Roi y subissait un jugement sévère; je crois, sans l'affirmer, que les vœux en faveur d'un mariage orléanais y étaient énoncés. M. de Blacas remet la lettre au Roi. Charles X la montre au Dauphin et à la Dauphine. Marie-Thérèse l'apporte à Mme de Gontaut.

« Suivez-moi chez le Roi, Madame », dit hardiment la duchesse de Gontaut en intervertissant les rôles.

Fière, souple, éloquente, en présence de Charles X, du Dauphin, de la Dauphine, Mme de Gontaut fait un réquisitoire en règle et exprime avec volubilité ses griefs, son antipathie pour M. de Blacas, les périls où, suivant elle, l'arrogant et inhabile ministre précipitait tout l'avenir de la monarchie. Stérile allocution! Le Roi avait été touché au cœur. Ferme en ses minuties comme les hommes faibles, il s'arrêta à une sévère mesure : l'ordre d'un départ instantané.

Ni les pleurs ni les suppliques de la duchesse ne purent attendrir Charles X. C'est alors qu'elle eut la prétention ridicule de soumettre au jugement des pairs l'acte royal qui la destituait de ses fonctions de gouvernante des *Enfants de France*. Prétention bien ridicule, en effet, que cet appel aux pairs constitutionnels. Quels pairs? Les pairs à Prague! C'étaient le cardinal et le duc de Blacas, rivaux de son autorité, adversaires de ses opinions. Enfin, la vanité ne sachant où se prendre, la fierté naturelle revint; l'arrêt fut accepté; tout délai, tout répit rejetés; en quelques heures, la duchesse de Gontaut était hors du Hradschin. Le lendemain, elle cheminait dans les plaines de la Bohême, elle était loin du vieux Roi qu'elle n'a plus revu, loin de la jeune Mademoiselle dont elle avait paré l'adolescence, loin de l'auguste Prince dont elle avait protégé le berceau.

Ces conflits étaient de fraîche date quand j'arrivai à Prague. Neveu de Mme de Gontaut, allait-on me considérer comme étranger à ses façons de voir, ou partisan de ses intrigues?

Ce doute s'empara de M. de Blacas sitôt qu'il apprit mon arrivée. Heureusement que la dose notoire de mon royalisme était de force à contre-balancer tous les doutes, et que mes cautions à Prague étaient d'une importance à détruire les soupçons. Je fis aussitôt acte de soumission par une lettre officielle au duc de Blacas.

Sa réponse fut un autre menu reflet des Tuileries. Un billet m'indiqua qu'à tel jour, telle heure, j'aurais l'honneur d'être admis en audience par le Roi et le Dauphin.

Instruit comme je l'étais par le cardinal de Latil, j'éclaircis d'un mot les ombres qui voilaient le front du duc de Blacas. Sa figure de portrait s'anima, se dérida. Mes maximes sur la nullité des abdications de Rambouillet surpassaient en régularité ses doctrines, légitimaient ses désirs, ses passions. Quel éclat de lumière! mon passeport en devint radieux. Tous les traits du ministre rayonnèrent : confiance, amitié, tous ces sentiments se firent jour dans une expansion cordiale. Il me confirma *in extenso* ses démêlés avec Mme la duchesse de Berry. Peu enclin vers cette princesse, j'aperçus dans la sévérité de mon jugement un surcroît de sympathie entre M. de Blacas et moi. J'ajoutai :

« Charles X seul est mon roi, et son fils ensuite. Mais il ne faut pas nous le dissimuler, en France, nous sommes bien peu de cette religion.

« — Nulle autre n'est possible, répondit le duc. Par exemple, si Mme la Dauphine périssait, si le Dauphin se remariait et avait un fils, à quel titre régnerait le duc de Bordeaux ? »

Dans l'application, cette hypothèse manquait d'à-propos. Mais elle était fondée : le droit politique doit prévoir et régler toutes les éventualités. Sûr de mon diapason, après une heure d'entretien, M. de Blacas me conduisit chez le Roi.

Charles X était vêtu du plus simple habit. Aucune décoration, pas même la croix de Saint-Louis, ne relevait d'un signe quelconque la crudité du frac. C'était l'adversité toute pure. Un symptôme qui m'affligea plus : je l'aperçus dans la courbure de sa taille et dans la pâleur de son visage. Hélas ! soixante et dix-huit années pesaient déjà sur lui : et quelles années !

Le Roi me remercia en propres termes « *d'être venu le voir* ». L'entretien fut long. On sait que cet aimable Charles X aimait à causer, et avec quel charme et quelle simplicité il causait.

Je lui parlai de MM. de Villèle et Corbière, ministres de ses temps prospères et auteurs de mes disgrâces : « Ils ont grandi par leurs successeurs », dis-je au Roi, « et par leurs prédécesseurs », reprit Charles X, en se rappelant les Fouché, les Decazes, et *tutti quanti* : parallèle vrai, qui toutefois n'ajoutait pas une ligne à la taille des nains de la Restauration.

Avec un tel interlocuteur et dans un premier entretien, les paroles sont légères. Elles effleurent, elles ne blessent point. Je me permis à peine ces quelques questions : « Pourquoi le Roi a-t-il rapproché de lui M. le duc d'Orléans, en lui conférant le titre d'Altesse royale, que le feu Roi son frère lui avait refusé? » Le Roi répondit : « Le duc d'Orléans désirait beaucoup le titre que portait sa femme. Je trouvais peu convenable que le premier prince de mon sang parût inférieur aux princes de Wurtemberg et de Bavière.

« — Pourquoi le Roi a-t-il réitéré en Angleterre une abdication que la violence, la fraude, la contrainte à Rambouillet frappaient de nullité ?

« — On ne nous voulait plus en France, et nous ne pouvions nous imposer de force.

« — La royauté est un accord synallagmatique et non susceptible d'être abrogé par une volonté unilatérale.

« — Nous sommes de votre opinion. Si ce principe était inviolable, nous verrions la fin des ambitions de sectaires, de jacobins sans aveu. Malheureusement il n'en est pas ainsi.

« — Le Roi pouvait le revendiquer.

« — C'est vrai, mais pour cela il aurait fallu appeler à nous les provinces fidèles et verser le sang de nos sujets : nous n'avons pas voulu être Roi à ce prix.

« — Est-ce pour la même raison que M. le Dauphin a refusé sa signature à cette itérative abdication ?

« — Oh! oh! refusé! Mon fils n'a point signé cet acte, voilà tout. Ma belle-fille voulait tenter un coup de main. En abdiquant, nous lui en facilitions le succès, mais sous des conditions qu'elle n'a point remplies. Louis-Antoine abdique en faveur de Bordeaux, et si notre petit-fils avait vingt-cinq ou seulement vingt ans! Mais c'est un enfant encore, il ne faut pas se hâter de lui imposer un fardeau trop lourd pour ses frêles épaules. Voyez sa mère. Voyez aussi la Vendée. Certes, en cette circonstance, la Vendée a donné la mesure de ce qu'elle peut; et l'inutile tentative de la duchesse de Berry a éclairé à ce sujet les plus confiants. »

Ces derniers mots du Roi, excessifs en leur portée, répondaient aux reproches que lui adresse l'histoire, à propos de la retraite des princes du sang, en vue des côtes de la Vendée, alors que les Vendéens étaient en pleine insurrection; ils répondaient encore aux reproches des royalistes qui le blâmaient de n'avoir pas su, en 1830, préférer la route de la Vendée à celle de Cherbourg.

Je continuai :

« Pourquoi, avec la résolution de transposer sa couronne sur le front de M. le duc de Bordeaux, le Roi a-t-il rudement éconduit tous ces messieurs venus de France pour affirmer leur fidélité au jeune prince? Certes, j'avoue à Sa Majesté que, pour ma part, j'ai improuvé l'objet de leur démarche. »

« — Vous les avez improuvés! Très bien. Pouvions-nous penser différemment que vous? Ils étaient venus chez moi me chasser de ma place! Malgré cela, nous ne les avons pas mal reçus. Je les ai laissés faire et dire à leur gré. C'est mon fils qui a été plus sévère. Allez le voir. Vous dînerez avec nous. Nous causerons ensuite. »

Je pénétrai dans l'appartement du Dauphin. « Eh! bonjour, mon ministre. » C'était le nom qu'il me donnait dans le Midi, à l'époque où je l'assistais dans ses fonctions de gouverneur. Il me reçut donc en vieille connaissance, en prince écœuré de son rôle, en prince dépourvu d'opinions arrêtées, de vœux pour l'avenir.

Nous causâmes du passé. Il se répandit en regrets sur l'abandon du plan politique que nous avions étudié et arrêté dans le Midi au moment de la seconde Restauration. Après Waterloo, M. le Dauphin avait conçu le projet de former un corps d'armée essentiellement royaliste, de s'avancer vers le Berry, d'appeler à lui, sur sa gauche, les corps vendéens encore fervents de la guerre civile, de se porter à la rencontre de l'armée de la Loire qui, battue à Waterloo, repoussée de Paris, s'excitait à la vengeance par désespoir. Cette armée avait eu une foi aveugle en Napoléon; mais, son idole renversée, elle s'était laissé dominer par les colères du désastre et cherchait à se répandre en province. Le Dauphin devait marcher contre elle, non pour la combattre, mais pour la haranguer ainsi : « Soldats, je vous reçois sous mes bannières; quelques généraux vont s'éloigner et plus tard reviendront; mais à vous tous, salut, amnistie et fraternité d'armes au nom du Roi et de l'État. » Barrés au nord et à l'est du fleuve par les troupes étrangères, serrés à l'ouest par la population royaliste, pressés au midi par le Dauphin et son armée, acculés sans issue, sans avenir, les derniers débris de l'armée de Napoléon se seraient joints au prince qui établissait alors sur la rive gauche de la Loire un camp très imposant, mais neutre, pour appuyer son oncle, Louis XVIII; ce prince, ainsi appuyé, n'aurait certainement pas signé l'accablant traité de 1815. Je donne pour certains les deux faits suivants : l'un, qu'en trois semaines, M. le Dauphin avait levé et armé vingt-sept bataillons royalistes; l'autre, que j'avais pris des mesures pour assurer chaque mois quatre millions dans les caisses militaires de l'armée du duc d'Angoulême.

Avec ces moyens en argent et en hommes, pourquoi, dira-t-on, M. le Dauphin s'est-il arrêté dans l'exécution de son plan?

Oh! pourquoi? ce n'est pas à moi de répondre, mais c'est à moi de demander : Pourquoi le ministère d'alors ne vit qu'un ombrage dans cette résolution patriotique? Pourquoi de ce ministère, aucune correspondance ne s'ouvrit avec nous? Pourquoi l'un de ses membres, le régicide Fouché, ministre de la police de Louis XVIII, frémissait de jalousie et de peur à la pensée du gendre de Louis XVI? Pourquoi, plus clairvoyant, mais trop timide, le chef de ce conseil, M. de Talleyrand, se bornait à dire : *Mais peut-être qu'ils font mieux que nous là-bas?* Pourquoi enfin, cédant aux instigations anglaises et russes, exprimées avec hauteur par M. le duc de Wellington et par M. le comte Pozzo di Borgo, le conseil du Roi crut faire acte politique en désarmant les vingt-sept bataillons déjà formés, et en envoyant en disgrâce à Tulle, comme préfet, le sous-gouverneur du Midi?

« Ah! si nous avions réussi! dis-je.

« — Réussi! pourquoi faire? pour régner? on ne peut pas gouverner ces hommes-là... Le duc d'Orléans est habile, il pourra faire aller quelque temps la machine, mais le *culbutis* arrivera. »

Madame la Dauphine était absente du Hradschin. Je visitai les deux jeunes princes. Mademoiselle avait atteint sa quinzième année, le duc de Bordeaux sa quatorzième; deux fleurs nées en serre chaude, mais développées dans le désert; elle et lui resplendissaient d'adolescence et de bonté.

La famille royale dînait à six heures du soir. Le Roi présidait la table, ayant son fils à droite, son petit-fils à gauche. En face du

Roi était M. de Blacas, qui m'avait à sa gauche. La jeune princesse était placée près du Dauphin, son oncle. Aux deux extrémités de la table se trouvaient le cardinal Latil et Saint-Chamand, et, çà et là, l'évêque d'Hermopolis, la duchesse de Blacas; ainsi, j'étais vis-à-vis du Dauphin : et en face de moi, je contemplais (*quel spectacle!*) cette lignée des trois Bourbons, cette rangée de trois générations de rois qu'aucun insigne extérieur ne révélait aux regards. L'histoire offre-t-elle beaucoup de scènes d'un tel genre? Derrière chacun de nous se tenait un maître d'hôtel en habit noir; la profusion de tels serviteurs donnait seule aux apparences une teinte royale. Le service était fait avec une simplicité élégante. Tous les mets en un seul service; potage et dessert rapprochés; à côté des entrées, d'étincelantes cerises; un vin commun, bien que payé très cher. Ce vin étiqueté de faux noms était l'objet d'une énorme dilapidation pour les chefs d'office, qui puisaient dans le coffre-fort royal avec autant de rapacité qu'aujourd'hui les administrateurs d'État moissonnent dans les finances françaises. A tout prendre, j'apercevais sur cette table un mélange de frugalité et d'abondance, d'économie et d'opulence : nuances qui réfléchissaient avec une mesure exquise les souvenirs du passé et les nécessités du présent. Un grand charme aussi, un charme indéfinissable, rehaussait les formes simples et ordinaires. C'était dans les plus petits détails un sans-façon relevé par l'expression de l'urbanité parfaite. Charles X offrait et servait de la fricassée de poulet ; et néanmoins, dans l'accent de l'offre polie et même affectueuse, on sentait la supériorité; dans le ton de la réponse, on entendait un noble et facile respect.

Trois quarts d'heure déterminaient la durée du repas. Entre six heures trois quarts et huit heures, l'intervalle était laissé à la conversation. A huit heures, le cercle se rompait. Un whist s'établissait. Les quatre tenants, c'étaient le Roi, le Dauphin, le cardinal et le duc de Blacas. A chaque tour ou *rob*, MM. de Blacas et de Latil changeaient de place; et les deux princes, immobiles, alternaient avec leurs partenaires. L'enjeu était modeste : il consistait en une pièce allemande en argent, de la valeur d'un franc à peu près. Perte ou gain se payait, se recevait, sans façon, avec une rigoureuse exactitude.

Sur un autre point du salon, M. le duc de Bordeaux commençait en même temps un *reversi* vif et bref. Le premier soir, il m'y invita. La désuétude de tout jeu de cartes m'obliga à décliner cet honneur. Nous étions aux plus longs jours de l'été. Des fenêtres du grand salon la vue découvrait toute la cité de Prague. Près d'une de ces croisées se plaçaient avec leur ouvrage la Dauphine toujours majestueuse, sa nièce

gentille, et les dames taciturnes. Un jour, Mme la Dauphine appela mon admiration sur ces magiques espaces. « Mais, lui dis-je, l'hiver est bien rude ici, et quand il étend sa main de glace sur tout ce site!...
— Alors, c'est superbe! vous verriez la Moldau glacée et le soleil en marquant tout le cours par une longue suite d'étincelles. » L'orpheline du Temple apercevait encore des côtés radieux! Tous les soirs, durant la partie de jeu, j'avais mon tête-à-tête avec Mme la Dauphine. « Amusez ma femme! » me disait le Dauphin à travers son whist. Nous causions, en effet, la princesse et moi, en simples particuliers. Elle me dit un jour : « La noblesse de cour s'est bien mal conduite envers nous. » Un autre soir que j'avais qualifié de tante la duchesse de Gontaut : « Oh! cousine! cousine! » reprit-elle; et sa bienveillance absolue désirait que je n'appartinsse ni à la classe de l'une ni à l'étroite parenté de l'autre, parce que

l'une et l'autre pesaient à son cœur ou à sa mémoire.

A neuf heures, c'était le signal du départ pour le repos. Mademoiselle allait saluer le Roi, faisait de la porte une profonde et gracieuse révérence à toute l'assemblée, et rentrait dans son modeste appartement. Aussitôt les tables à jeu, les tables à ouvrage se fermaient avec un tel ensemble, qu'on eût dit qu'un signal en avait donné l'ordre.

Une fois, la fin de la partie devança l'heure. Le Roi était en train; il exprima le désir d'un tour ou *rob* de plus. Ce fut pour son fils un véritable tourment; la dernière carte relevée, il ne mit certes pas deux secondes pour payer sa dette, saluer son père et disparaître chez lui.

A cette heure également, les yeux de Mme la Dauphine s'appesantissaient; et au premier son de la pendule, elle se précipitait hors du salon.

Mais si le coucher de la Dauphine s'effectuait à neuf heures du soir, son lever était fixé à quatre heures du matin. Elle s'occupait de divers ouvrages, réglait la marche du service du palais, et errait complaisamment sous les voûtes et dans les salles du Hradschin. Fille issue par une longue lignée féminine des Lorraine, des Habsbourg, des Wenceslas et des Ottokar, Marie-Thérèse ne se trouvait point étrangère au Hradschin : elle y entrevoyait le souvenir d'autres aïeux, les ombres d'autres splendeurs évanouies ; elle y trouvait une consolation, un adoucissement aux amertumes de l'exil. Le Hradschin était son *Ilion*. Jusqu'aux solennités de l'église, ouïes et vues de la tribune royale ; jusqu'au roulement du tambour de la garde, charmaient des illusions qui semblaient prendre corps aux souvenirs de la vieille histoire. A mon observation que la Bohême l'éloignait fort de ses amis de France, que l'éloignement gênait des relations utiles, elle répondait : « Prague est près de Vienne, de Berlin, de la Russie. » Et c'était là une raison : et elle m'indiquait de la main le grandiose du Hradschin, ajoutant : « Et puis, tout cela est bien convenable »; c'était là une consolation. Plus tard, aujourd'hui encore, cet adoucissement fantastique s'est effacé de ses autres refuges. Donc, sur pied à quatre heures du matin était sa règle, elle n'y dérogeait pas; elle l'accomplissait invariablement avec cette activité brusque et dévorante engendrée par les cruelles souffrances qui aigrirent son cœur et assombrirent sa jeunesse pendant ses années de détention dans la prison du Temple.

Moins de précision, moins de fougue surtout caractérisaient Charles X. Il trouvait ses journées longues, sa solitude monotone. Le soir, après son jeu, il aurait volontiers repris ses causeries. Il ne prescrivait point cette prompte retraite; il y

cédait. Un léger salut, un doux sour..
annonçaient son départ; et, précédé du duc
de Blacas qui, à Prague comme aux Tuileries, exécutait ponctuellement son office
intérieur, il rentrait dans son appartement,
y retenait son unique ministre et conversait
avec lui jusque vers les onze heures.

« Que pouvez-vous traiter de bien sérieux
chaque soir? demandai-je un jour au
duc.

« — Rien. Le Roi cause, et j'écoute ses
calembredaines », me répondit-il en termes
plus sincères que respectueux.

Charles X exprimait, avec l'abondance de
sa parole facile, des regrets, des vœux, des
aperçus. Son esprit manquait plutôt d'efficacité que de portée. Et puis, sa mémoire
était si riche de souvenirs!

En cette cour de l'exil comme en celle
des Tuileries, chaque chose s'accomplissait
avec une ponctualité minutieuse. L'excès
de l'exactitude y occupait une trop grande

place et dans les esprits et dans les actions. Pour la signaler, pour ramener au point fixe la moindre distraction, chaque pendule à chaque quart d'heure répétait l'heure entière. Tous les appartements, même les salons, étaient pourvus de ces pendules complaisantes. Il en résultait qu'aux différentes heures, à huit heures, à neuf heures, à midi surtout, une assourdissante sonnerie annonçait impérieusement que la minute était venue de travailler, de causer, de jouer, de manger, de dormir. Louis XVIII, zélé propagateur de l'exactitude scrupuleuse, en avait pénétré le Dauphin. Charles X, plus gracieux en toute chose, en était moins atteint. Cet excès d'exactitude le faisait parfois sourire; mais il ne s'en plaignait pas. Il supportait cela, parce que cela plaisait à son entourage.

Le premier soir où j'éludai l'invitation qui m'était faite, par le jeune Henry, de participer au reversi, le duc de Bordeaux me prit à part quelques minutes avant son départ, et, répondant à un refus par une autre faveur, il m'invita à déjeuner avec lui, le lendemain matin.

Le duc de Bordeaux déjeunait seul avec son gouverneur et le savant abbé Trébuquet. Nous déjeunâmes ensemble, et après, nous causâmes l'espace d'un quart d'heure. Je vis avec surprise qu'on ramenait le prince, sans aucune interruption, de la table aux salles d'études.

Ordinairement, l'heure qui suit un repas n'est-elle pas dévolue aux exercices de gymnastique? Corps en mouvement, tête en repos, tels sont les règlements d'après manger en vigueur dans toutes nos institutions. J'en exprimai ma surprise à l'abbé Trébuquet. Celui-ci sourit : Saint-Chamand fronça les sourcils. Je conclus que là, comme ailleurs, s'infiltrait encore le conflit perpétuel entre l'esprit et le corps. L'abbé cherchait à ménager les facultés de l'esprit pour leur donner un essor plus puissant; le militaire, sans dédaigner les facultés intellectuelles, accordait la supériorité au développement corporel. Donc, désaccord complet entre les deux sections de l'enseignement.

Comme gouverneur du prince, Saint-Chamand exigeait la direction suprême. Il se l'arrogeait sur l'évêque d'Hermopolis; il la contestait même au duc de Blacas qui, toujours exclusif, finit par éliminer Saint-Chamand. Remplacé par le comte d'Hautpoul, auquel succédèrent le comte de Bouillé et bien d'autres, on vit s'ouvrir la voie aux trop nombreuses vicissitudes, dont l'esprit inquiet de M. de Blacas fatigua alternativement les gouverneurs successifs de l'héritier présomptif du royaume de France.

Le lendemain, 30 juin, j'allai visiter le grand burgrave de Bohême, le comte de Chotech. Son titre de grand burgrave peut s'assimiler aux fonctions de nos préfets, avec moins de surcharge dans les détails et de diversité dans les matières. Mais sa préfecture à lui était tout un royaume. Il administrait quatre millions d'habitants. Bien que sa fortune fût immense, il occupait un hôtel sans splendeur. Ses opinions politiques étaient fortement empreintes de libéralisme. En sa jeunesse, il avait rapporté de Paris l'antipathie pour les petits abus, la sympathie pour les petites réformes de l'ordre matériel. Son protecteur était le comte de Kollowrath, lequel partageait avec M. de Metternich le fardeau de la monarchie autrichienne. M. de Kollowrath portait ce fardeau au rebours de M. de Metternich; il aspirait à la popularité et inclinait vers les doctrines révolutionnaires. En Bohême, où il avait été burgrave, ses idées avaient des adeptes. M. de Chotech, qui occupait ce poste, grâce à la puissante protection de M. de Kollowrath, s'efforçait, autant par gratitude que par conviction, de faire fructifier les principes libéraux. L'instruction des enfants de M. de Chotech était confiée à un professeur français, ultra-révolutionnaire, qui secondait le burgrave dans ses aspirations démocratiques.

Je m'étais imaginé que le roi Charles X devait rencontrer, dans le burgrave de Bohême, un approbateur et un consolateur. Nullement. Un mot que je laissai échapper à dessein relativement aux dissensions intestines de la famille royale, fut relevé et me révéla le fond de ses sentiments. Au dehors, on observait les égards de la politesse, la cour d'Autriche les prescrivait; mais ils s'arrêtaient au point juste, précis, littéral. Une ombre de dédain perçait à la surface.

Pas plus que les Français, les Allemands n'abondaient au Hradschin. Durant mon séjour, cependant, une reine allemande vint visiter notre vieux Roi. C'était la reine douairière de Bavière. On sait que son mari, le prince Max, jadis simple colonel français, lié avec tous les jeunes gens de la brillante et frivole époque qui précéda 1789, avait de bien loin atteint la succession bavaroise, alors même que la Bavière atteignait l'objet d'antiques vœux : son érection en royaume. Parmi les compagnons de ce roi nouveau, jadis à Paris, avaient figuré le prince de Nassau, le duc d'Orléans, le comte d'Artois. Le duc d'Orléans travesti en *Égalité!* le comte d'Artois transformé en Charles X ! Maximilien des Deux-Ponts avait vu ces métamorphoses; lui-même, il en avait offert une aux temps modernes. Quelle singularité dans l'accueil qu'il aurait reçu du roi Charles X exilé au Hradschin pendant que lui régnait à Munich ! « *Quel état et quel éclat!* » auraient-ils pu se dire, comme Bossuet, au souvenir des folies de leur jeunesse et des vicissitudes des dernières années de leur vie. Cette épreuve fut épargnée à Charles X. Il ne reçut que la veuve du simple et loyal Maximilien, premier roi de Bavière. Elle était en son nom princesse de Bade; à ce double titre, on la fêta, on la choya à l'excès.

Il y eut encore la visite du comte et de la comtesse de Champagne, venus à Prague, non comme royalistes, mais comme neveux de la vicomtesse d'Agoult.

Le 30 juin, je demandai une audience particulière à M. le Dauphin. Il me la refusa tout net : *Il n'avait rien à me dire.* Cette réponse aurait blessé ma susceptibilité, si, auparavant, il ne m'avait été donné d'apprécier l'état de son esprit. Confus de ses divers rôles en France, Louis-Antoine redoutait d'entendre toute observation, toute juste censure. De plus en plus résigné à la nullité, il tendait à couvrir le présent du manteau de l'oubli. Sa conscience troublée et scrupuleuse se réfugiait dans la solitude. Il repoussait les choses, fuyait les hommes. Sa gêne était palpable. Malgré ces circonstances atténuantes, son refus m'aurait indisposé, quand l'arrivée de Mme la Dauphine vint panser cette blessure : sitôt qu'elle m'aperçut, elle m'annonça que *le Roi serait heureux de m'avoir à sa table aux repas de tous les jours.* Dès lors, je fus vraiment membre de la colonie. Le Hradschin devint ma ville, pour ainsi dire mon salon; j'y remplissais mes journées et mes soirées en circulant parmi les personnages qui m'avaient adopté. Le passé, le présent composaient le fond des entretiens journaliers; dans le passé (comment anéantir mes impressions?) surgissaient des pages bien amères. Les édulcorer par ses commentaires était le lot du cardinal de Latil, dont le duc de Blacas avait absorbé l'influence sur le présent. Les récits étaient bien circonstanciés et souvent spécieux. Par exemple, il expliquait assez bien l'abandon de la primitive Vendée par Charles X, alors *Monsieur*, qui sans cesse s'annonçait, s'approchait, débarquait même dans les îles voisines, et puis s'en allait. Il inculpait un peu l'Angleterre et beaucoup le comte de Puisaye, dont les Mémoires sont ou bien calomnieux ou bien sanglants. Qu'en ces circonstances, le prince ait manqué de courage personnel, je repousse cette idée; d'énergie politique, je l'admettrais plutôt; que son énergie ait été paralysée plus encore par son cortège que par l'Angleterre, serait aussi à mes yeux une réalité.

La Navarre espagnole était en insurrection. Elle tentait par la force le triomphe si rare des bonnes causes. Son roi, Don Carlos, avait eu un beau mouvement : il était venu sur le terrain payer de sa personne et affronter le danger au milieu de ses partisans. Mais le vrai chef de la Navarre, son héros, c'était l'héroïque Zumalacarreguy. Or, un soir, Charles X, à qui la police autrichienne donnait ses gazettes avant d'inspecter celles d'autrui, annonça qu'au siège de Bilbao, Zumalacarreguy venait de recevoir une grave blessure. M. le duc de Bordeaux s'amusait en un coin du salon. Tout à coup, les yeux baissés, s'approchant de la Dauphine, il lui dit :

« Quoi! ma tante, est-ce qu'il est en danger? »

Placé près de la Princesse, j'ouïs seul ces paroles et je la félicitai de les avoir reçues.

« Il a en moi une excessive confiance », me répondit-elle très simplement.

Le lendemain, la nouvelle de la mort du héros navarrois étant confirmée, j'accourus chez le duc de Blacas. J'étais vivement ému, et je lui fis part de mon émotion : « *Bah! s'il avait réussi, votre Zumalacarreguy, il se serait cru le maître.* » Ces paroles du duc me glacèrent d'effroi. Heureusement que la compatissante ingénuité du jeune Henry revint à mon esprit et me laissa une meilleure impression. Je profitai de cette visite au duc pour préciser certains points politiques qui me semblaient obscurs. Notre accord parfait sur les principes m'avait ouvert sa confiance. L'abdication du Roi, l'expédition de la duchesse de Berry, ces deux faits qui lui suscitaient tant de contradicteurs sur l'un, tant d'ennemis sur l'autre, ne soulevaient entre lui et moi aucun dissentiment de nature à effleurer sa susceptibilité bien délicate. J'éclaircissais la vérité des faits en précisant les questions suivantes :

« La lettre adressée de Rambouillet par Charles X au duc d'Orléans est-elle intégralement exacte ?

« — Oui.

« — Qui donna le conseil au Roi d'abdiquer en faveur du duc de Bordeaux ?

« — Le baron de Damas.

« — Pour quel motif le ministère anglais

refusa-t-il à Charles X hommage, asile et protection?

« — Parce qu'il exigeait que Charles X sanctionnât, expressément, la révolution qui le détrônait.

« — Le reproche que l'on adresse au ministère de lord Wellington, d'avoir compromis jusqu'à « la sûreté personnelle du « Roi, de son fils, de la Dauphine, de ses « petits-fils », est donc fondé ?

« — Très fondé. A la demande d'un navire anglais pour traverser la Manche, on nous a répondu, au nom du ministère anglais : *Pour aller en Amérique, une flotte; pour rester en Europe, pas une barque.* »

L'idée de l'Amérique, où aurait séché vite, à tout jamais, la branche aînée des Bourbons, était digne de Machiavel. Elle fut repoussée, et l'on sut se passer de la barque. Le navire qui porta Charles X en Angleterre fut loué aux Américains par des agents du duc d'Orléans. Ce navire avait pour commandant le capitaine d'Urville, habile marin, mais révolutionnaire décidé. Il lançait sur les augustes proscrits de véritables regards de haine. « *Son silence pesait comme la tempête, et nous ne savions pas si, d'un moment à l'autre, on allait exécuter l'ordre de nous faire sombrer sous voiles.* » Propres paroles de Mme la Dauphine. Plus tard, j'ai su que le prince de Polignac, affranchi enfin de la captivité de Ham, revoyant en Angleterre le duc de Wellington, et le questionnant sur sa partialité envers la révolution de Juillet, reçut de lui cette réponse textuelle : « A ma place, vous en auriez fait autant. On venait de Paris au-devant de toutes nos demandes; et je suis plus Anglais que Français. » Soit pudeur, soit réflexion, l'Angleterre rouvrit bientôt au roi Charles X le palais des Stuarts, cet Holy-Rood qu'il avait déjà connu. Mais à son débarquement, refus complet de tout manoir officiel. Jamais roi de France n'avait subi de tels dédains. Il fallut qu'un zélé catholique, un homme que j'avais connu à Paris, marié, entré dans les Ordres à la mort de sa femme, élevé par les plus hautes vertus à la pourpre romaine, le cardinal Weld, représentât seul l'hospitalité anglaise. Charles X trouva pour refuge Lullworth.

Je demandai encore au duc de Blacas :

« Quels furent, à Lullworth, les premiers actes de la Majesté fugitive? »

Il m'en désigna deux :

« L'un fut la demande d'une retraite à Laybach adressée à l'empereur d'Autriche; l'autre, l'expédition d'une lettre adressée aux différentes cours d'Europe, et dans laquelle Charles X expliquait :

« Que le dessein de renverser la Charte de Louis XVIII n'était nullement dans ses intentions en juillet;

« Qu'à la nomination de lieutenant général du royaume, le duc d'Orléans avait répliqué par l'injonction faite au Roi et à sa famille de quitter la France;

« Que son abdication et celle de son fils étant positives, c'était à son petit-fils Henry que la couronne de France était dévolue. »

« Pourquoi donc le Roi conserve-t-il à Prague le rang suprême? Pourquoi conserve-t-il au roi Henry le rang et le nom de duc de Bordeaux? Pourquoi refuse-t-on à la mère de Henry la régence et même la tutelle? »

M. de Blacas répondit :

« Parce que M. le Dauphin n'a pas signé la lettre explicite de Lulworth. »

« — Alors, le Roi légitime, c'est Louis XIX?

« — En droit, oui.

« — Et en fait?

« — Non.

« — Pourquoi ces deux nuances?

« — Parce qu'elles sont essentielles pour écarter de M. le duc de Bordeaux la légion d'ambitieux qui pourraient l'acclamer roi avant qu'il soit d'âge et de force à tenir les rênes de l'État. »

Le lendemain, avant le dîner, Charles X me fit mander. Il était dans sa chambre, en humeur de converser. Les explications de M. de Blacas furent le sujet de notre entretien. Les paroles du Roi confirmant celles du ministre, j'ajoutai :

« Il faut pourtant savoir gré à M. le duc de Bordeaux de sa docilité, le titre royal est si chatouilleux! Il a si peu d'expérience; il a dû rencontrer tant de flatteurs!

« — Mon Dieu! marquis, si Bordeaux avait seulement, comme je vous l'ai dit, ses vingt-deux ans, l'âge où l'on commence à marcher tout seul, nous nous effacerions. Mais convenait-il que je l'abandonnasse à sa mère, cette femme ambitieuse, irrespectueuse? Oh! il faut voir et entendre comme les étrangers en parlent!

« — Raison de plus, Sire, de nous appuyer sur des principes fermes. N'étayer ses précautions que sur des motifs personnels, c'est en compromettre la durée. De simples lisières tissues par la volonté de l'homme se rompent. Elles ne sauraient retenir seules M. le duc de Bordeaux. A dix-huit ans, il vous échappera, Sire.

« — Nous tâchons et tâcherons d'y pourvoir. » Et en effet, le jeune Prince, imbu jusqu'au fond de son être de maximes saines en religion et en politique, n'a nullement manifesté la moindre tentation de toucher par avance à la couronne délaissée par le Roi et par son oncle. Son souverain, ce fut toujours Charles X, et, après lui, Louis XIX.

Cette abnégation du jeune Prince, je ne la présumais pas. Charles X non plus n'y accordait pas une foi aveugle. « Car », ajoutait-il, « Bordeaux est exposé à de périlleux conseils. N'ai-je pas vu Chateaubriand ici? Ah! celui-là a écrit contre moi bien des injures. Je lui en ai fait reproche;

et il en a mis le tort sur la politique. Jolie excuse! Pour élever le petit-fils, il dénigrait le grand-père! Et pourtant il m'a tendu la main.

« Oui, marquis, il m'a tendu la main, et j'y ai bien mis dix mille francs, c'est-à-dire, pour être exact, deux mille francs pour son hospice et huit mille francs pour lui. Aucune idée saine n'est dans cette tête: M. de Chateaubriand a proclamé mon petit-fils : qu'a-t-il pu faire? Ses moyens sont nuls, les meilleurs esprits s'embrouillent. Le duc d'Orléans est presque impossible. Enfin, tout est si mal engagé, que vous, qui avez dix-sept ans de moins que moi, vous aurez bien de la peine à en voir la fin. »

Dans un autre entretien, il m'y avouait son inhabileté à l'art de la guerre; mais il ajoutait :

« J'étais né, pourtant, avec des goûts fort décidés pour la carrière des armes. Que n'a-t-on pas fait pour m'éloigner de cette voie! Vous savez qu'à seize ans j'étais colonel des Suisses. Chaque jour, je prenais des leçons de deux lieutenants généraux; et bien vite épris d'une sorte de passion, j'allais les appliquer sur le terrain avec mes Suisses. M. de Maurepas vint me trouver un matin. — Vous avez donc bien de l'attrait pour des manœuvres, Monseigneur? me dit-il; cela ne convient pas à un prince. Tenez, amusez-vous à autre chose; *faites des dettes, et nous les payerons*. Vous devinez qu'étourdi comme je l'étais à cet âge, je trouvai sa décision engageante, et que les dettes ne manquèrent pas. Vint la guerre d'Amérique. Mon frère, Louis XVIII, s'unit à moi, et nous allâmes tous deux trouver Louis XVI; nous lui dîmes qu'en des circonstances où la nation avait les yeux sur les princes de son sang, il n'était pas possible que nous, que nous ses frères, demeurassions les bras croisés, coureurs de l'Opéra et spectateurs de batailles. Il nous renvoya au lendemain : le lendemain, son conseil jugea qu'une guerre maritime exposerait les princes à être faits prisonniers; que leur rançon serait chère et accroîtrait les difficultés de la paix. Survint l'expédition de Gibraltar. Là, point de crainte de nous voir pris sur des vaisseaux. J'allai vite et tout seul chez Louis XVI. Il était seul aussi; il était de belle humeur; il m'accorda ma demande; et, sur-le-champ, sans me le faire dire deux fois, j'appelai chez moi M. de Vergennes, et je lui prescrivis de prendre, en vertu des ordres du Roi, les dispositions convenables pour mon prompt départ. Ce voyage me parut une fête. Je vis à Madrid Charles III, qui me fit un accueil parfait. C'était un autre homme que ses successeurs. Ah! s'il avait régné dans ces temps-ci, en Espagne!... Mais laissons tout cela : c'est de l'histoire ancienne. Examinons la nôtre, notre propre histoire. Nous sommes bien mal, il faut pourtant sonder notre terrain.

Qu'avons-nous à essayer dans ce moment?

« — Il faudrait, Sire, renier les abdications de Rambouillet et de Lullworth, qui en droit sont nulles. La royauté est un contrat bilatéral entre le Roi et les sujets, qui ne peut être rompu sans l'assentiment libre de ceux-ci. » Et je développai ce thème longuement, un peu trop longuement même, parce que j'avais peine à déguiser la conviction profonde où j'étais, où je suis toujours : qu'il faudrait au Roi bien des années et bien des millions pour se remettre seulement au point perdu de Rambouillet.

De quel poids ces paroles de Charles X retombent sur la mémoire des ministres de Louis XVI! Quel homme futile que M. de Maurepas! Des traditions misérables l'avaient entraîné à avilir, à profaner la jeunesse d'un prince orné de dons enchanteurs et à qui ne semblait manquer que le charme émané des grandes choses.

Mais le cardinal de Richelieu avait dû

combattre un *Monsieur;* Louis XIV avait constamment tenu à terre un autre *Monsieur,* le sien, son propre frère. Donc, il ne fallait aux frères du Roi de France que des divertissements, des loisirs casaniers, des bouquets de fleurs! Donc, à Versailles comme à Constantinople, un harem seulement pour les collatéraux du trône! Donc, à la colonne royale un faîte à perte de vue, mais un isolement absolu, nul appui en face des révolutions imminentes! En Autriche, en Prusse, en Russie même, les trônes ne s'isolent point de leurs soutiens immédiats. Mais en France, le cardinal de Richelieu avait brisé les étais du trône royal; et il a fallu que le frivole de Maurepas se travestît en Richelieu de coulisse! Et de nos jours même, l'abbé de Montesquiou s'asservit aux mêmes traditions en combattant sous Louis XVIII l'idée d'établir sur un pied fixe et en vice-rois le duc d'Angoulême au midi et le duc de Berry au nord.

La funeste conséquence de l'aversion marquée de nos Rois envers leurs frères éclate de nos jours par un fait assez patent : Quel résultat a obtenu Louis XIV en effaçant son frère? La postérité de ce frère éclipse aujourd'hui, sous le nom d'Orléans, la postérité de Louis XIV.

Dans un autre entretien, je rappelais au Roi notre ancienne constitution et la distribution du peuple français en trois ordres : hiérarchie que Louis XVIII, son frère, avait rompue.

« Mais de ces trois ordres, il en est un d'abord qui n'existe plus, me dit le Roi.

« — Lequel, Sire?

« — Mais le clergé!

« — Le clergé, Sire? Il se compose aujourd'hui de trente-six mille ecclésiastiques; et le catalogue de tous les propriétaires éligibles à la Chambre des députés n'élève le nombre des curés qu'à dix-sept mille seulement. » Cette observation le tint un moment comme interdit. Il y aperçut peut-être la futilité des motifs allégués par les constitutionnels en faveur d'une Charte où l'on avait bouleversé les éléments de l'État. Ainsi s'écoulaient les jours de mon pèlerinage à Prague. Ils étaient comptés, et le terme approchait. Le 8 juillet accourait en grande hâte. Mes affaires m'appelaient à Paris et en Languedoc. Le 6 juillet, surveille de mon départ, je l'annonçai au Roi : « Déjà! déjà! » s'écria-t-il avec la sensibilité franche et loyale qui remplissait son cœur. « Pas encore!

« — Sire, répondis-je avec douleur, ma famille m'attend.

« — Oh! la famille! la famille! » Et ces mots, que suivit un silence expressif, s'exhalèrent avec l'accent pénétrant où se traduisait l'habitude des sacrifices.

Je me suis demandé plusieurs fois : Ai-je eu tort de ne pas comprendre l'accent d'un regret qui ressemblait à un ordre? Dans la réalité, il exprimait de la part du Roi l'intention de m'associer à la direction de ses affaires. Mes doctrines n'étaient-elles pas en harmonie avec ses idées propres et avec celles de son premier ministre, le duc de Blacas? J'ai eu la preuve de ce que j'avance quelque temps après mon départ du Hradschin. Mais l'ambition ne s'était pas offerte à mon esprit dans cette sphère. Un pur sentiment m'avait porté à Prague : nul motif personnel. Je considérais cette mission au-dessus de ma force. Si jadis, au temps de sa splendeur, Charles X avait daigné mettre mes facultés politiques à l'épreuve, cette faveur m'aurait d'abord éclairé moi-même sur la portée de mes efforts, puis elle m'aurait rendu son débiteur. Mais non! Ses six années de règne en France furent pour moi six années de disgrâce à Tulle, six années de paralysie, parce que j'avais eu le courage d'organiser dans le Midi, avec M. le duc d'Angoulême, la manifestation royaliste dont j'ai parlé plus haut, dans l'entretien avec l'auguste fils de Charles X.

D'ailleurs, le Roi voulant et moi acceptant, en serait-il résulté une amélioration sensible de sa cause à demi compromise? L'incompatibilité générale du duc de Blacas avec qui que ce fût, aurait été un obstacle invincible. A tous, son caractère paraissait inextricable; le mien n'est pas souple : nous nous serions heurtés fréquemment. Ces heurts, qui ont brisé des tempéraments plus doux, m'auraient-ils ménagé? ou ne m'auraient-ils pas infligé des affronts, des regrets, une retraite tardive? Si j'avais eu l'art de les tolérer, de les éluder, me résignant au second rang, j'arrivais plus tard à la direction suprême. Je recueillais à Goritz la survivance politique du duc de Blacas. Enfin, et la vérité est entière dans cet aveu, ma fortune toute territoriale était trop modique, ma famille était trop nombreuse pour me permettre un délaissement lointain. S'il y avait à Prague devoir politique, il y avait en Languedoc devoir domestique; et celui-ci n'est pas choisi par l'homme, il est imposé de Dieu.

Le 7 juillet se passa en de tristes adieux. La réception du Dauphin précéda l'heure que le Roi m'avait désignée. Le deuxième accueil de ce prince ne différa guère du premier. Au début, il se faisait une loi, un besoin d'indifférence affectée et de rebuts disgracieux. Mais l'expansion abolissait sa contrainte; son bon cœur prenait le dessus et reparaissait dans son état naturel. Mes adieux l'attendrirent. Sa conversation fut tout en effusions sur la politique du passé, tout en confidences sur ses actes de juillet 1830.

Ses effusions politiques remontaient à l'époque de la seconde Restauration, quand, dans la première ferveur du triomphe, des jaloux condamnèrent le valeureux maréchal Ney. Dans le Midi, avant même qu'à Paris l'héroïque maréchal eût rougi de son sang les murs du Luxembourg, voici quels furent les actes du Dauphin. Le maréchal Soult, major général de Napoléon, condamné à la même peine que Ney, fut surpris et arrêté dans la Lozère; la sentence aurait suivi son cours : M. le Dauphin me donna l'ordre de lui faire rendre la liberté, et un courrier extraordinaire la lui apporta sur-le-champ. Si le maréchal Brune périt à Avignon, c'est qu'il s'obstina à vouloir périr; car il avait reçu de M. le Dauphin et de tous ses agents un passeport en règle, avec des instructions précises et la supplication de prendre un autre itinéraire qu'Avignon. Le général Clausel fut menacé par le peuple et sauvé par une indulgente connivence. M. Boyer-Fonfrède qui, pendant les Cent-Jours, promenait dans Toulouse le drapeau noir en menace de mort, fut arrêté par le peuple, et sa perte était inévitable; trois heures après son arrestation, nous surprîmes le moment propice à sa délivrance, et il fut sauvé. Un soulèvement causa la mort du général Ramel, à Toulouse; mais il y avait trois jours que des ordres imprudents, venus de Paris, avaient rompu la digue qui contenait, dans le Midi, le torrent populaire; ils avaient substitué à la digue homogène un barrage disparate et sans cohésion; à l'administration du Dauphin, un chef du palais de Napoléon : M. de Rémusat. J'ai conservé une lettre de M. le Dauphin dans laquelle il m'écrivait, au sujet de la mort tragique du général Ramel : « *C'est ma « consolation de penser que ces déplorables « excès n'ont pas eu lieu sous mon gouver- « nement et que vous n'étiez plus en mesure « de les réprimer.* » C'est que nous professions alors, dans le midi du royaume, des sentiments très prononcés contre les félons des Cent-Jours et contre les fervents de la Révolution. Mais c'étaient des principes et non des hommes qu'il s'agissait d'immoler.

Sacrifier les maréchaux Soult, Ney, Brune, féroces et barbares mesures! elles ne convenaient qu'au ministère mixte et manichéen qui se jouait de la Restauration et de son Roi.

Les confidences du prince se reportèrent sur ses actes de juillet 1830. Il tira d'un portefeuille un papier où il exposait sa conduite militaire et motivait son abdication à Rambouillet. On se souvient que M. le Dauphin ne reçut le commandement des troupes que le jeudi 29 juillet. Déjà, Paris était subjugué par la faction révolutionnaire, et les régiments battus se débandaient en désordre. Indigné, le Dauphin arrache l'épée du maréchal vaincu; il veut défendre Saint-Cloud, et l'artillerie méconnaît son ordre, s'effraye de la nouvelle qu'on répand : que la grosse cavalerie qui stationnait à Versailles vient de passer à l'ennemi. Il protège la retraite jusqu'à Rambouillet : et, d'heure en heure, sa volonté se brise par la trahison de ceux à qui trop de confiance avait livré son cœur. Parvenu à Rambouillet, ce prince ne s'y voit que général attendant les ordres du chef suprême. Et ce chef auguste s'oppose à l'effusion du sang. Des bouches amies lui font ces mensonges : « *Voici Paris en masse* », dit l'un; « *voici périr deux princesses et deux enfants* », dit un autre; « *voici votre négociateur, M. de Mortemart; il vient de Paris : il aura tout pacifié.* » Le voici; le voilà; demain; aujourd'hui; et en attendant gardons-nous bien d'attenter *à la foi publique!* Pendant ce temps, les dépêches de la révolution traversent le camp; le camp se rétrécit par des désertions progressives; l'insurrection éclate dans les villages circonvoisins; la dernière heure sonne; et la plus triste issue, la fuite, est la dernière ressource que proposent des hommes d'autant plus coupables dans leur perfidie qu'ils la dissimulent sous l'apparence de la bonne foi et du dévouement.

« Ah! les hommes nous ont donné un bien bel exemple de leur ingratitude! Pourquoi nous ont-ils trahis ainsi?

« Parce que, Monseigneur, ils voyaient votre fortune politique s'écrouler de tous côtés. Ils appartenaient à la révolution avant les premiers coups de feu. Ils savaient que nous n'étions pas en mesure de repousser l'attaque; que nous serions battus... »

A ces mots, Louis-Antoine m'interrompit:

« Oh! que nous serions battus!...

« — Oui, Monseigneur. Les régiments de la garde royale stationnaient hors Paris; l'artillerie sommeillait à Vincennes; l'effectif de Paris se bornait à six ou sept mille hommes. Lorsque parurent les ordonnances du 25 juillet, date à laquelle on résolut de faire face à la révolution, les insurrectionnels s'aperçurent vite de la dislocation de l'armée et de la torpeur du ministère de M. de Polignac. Je puis vous affirmer, Monseigneur, qu'il y eut en province plus de quarante préfets absents de leur poste, à la date du 25 juillet; que les préfets de la Seine et même le préfet de la police ne reçurent pas le plus petit avis des ordonnances de juillet. La révolution a profité de ces fautes; de timide qu'elle était au début, elle s'est montrée menaçante à la fin; nos amis ont eu peur : convaincus qu'ils ne pourraient la combattre, ils ont pris parti pour elle et sont allés au-devant de la défaite en passant à l'ennemi. On s'y est pris trop tard pour l'anéantir. J'ai vu la fusillade du 28 juillet. Si l'artillerie n'a jamais été plus meurtrière, on pourrait la ranger au nombre des joujoux d'enfant. J'ai entendu l'expression de : « *émeute à l'eau de rose* ». Les balles, s'il y en avait, furent innocentes : mais les barricades se formaient sous les yeux de la Garde, qui reculait à mesure, pas à pas, indécise, livrée à elle-même, sans commandement. Ce jour-là, on pouvait écraser l'émeute; on ne le fit pas : le lendemain, c'était trop tard. Le mercredi fut plus animé sans être mieux ordonné. Je les ai vus, ces magnifiques soldats, engagés sans méthode, mis çà et là en travers des rues, en groupes isolés, haletants de soif, exténués de faim, la tête penchée sur l'épaule, le visage allumé par l'insomnie et par un soleil élevé à trente degrés, faire le coup de feu contre l'émeute. Des bruits alarmants circulaient parmi eux; on disait : La poudrière est prise; les postes principaux sont sans défense; les princes sont à l'étranger. Vous le voyez, Monseigneur, l'émeute se préparait dans l'ombre; elle avait de ses chefs jusques auprès du Roi; chacun pressentait l'insurrection; tous l'ont pressentie, excepté les ministres du Roi Charles X, lesquels, par timidité ou ignorance, n'ont pas su l'attaquer à temps. »

M. le Dauphin croyait par intervalles à la validité de son abdication. A dessein, je lui nommai Mme la duchesse de Berry; ses lèvres se contractèrent; il me dit : « *Je ne peux pas entendre parler de cette femme-là.* » Je lui rappelai aussi la lettre confirmative que le Roi son père avait écrite à Lullworth, il se prévalut du fait qu'il ne l'avait point signée. Et puis, dans le cours de l'entretien, il se regarda comme exclu régulièrement du trône en ajoutant :

« Un honnête homme n'a que sa parole. »

Ces contradictions avaient, et dans le père et dans le fils, un côté plausible où se révélaient deux points honorables. Premier point : nous ne voulons pas régner. Second point : nous voulons écarter du duc de Bordeaux les intrigues qui le feraient régner mal. Donc, Roi, Dauphin et ministre étaient parfaitement d'accord sur deux points : par le premier, ils signalaient leur abdication;

par le deuxième, leur prévoyance. De là ces alternatives entre la validité et la nullité de l'abdication, entre le rejet et l'acceptation du titre royal. Mais un royaume n'admet pas le pour et le contre, il faut être ou n'être pas. En définitive, il y eut à cet égard, dans les deux princes exilés, vertu morale comme hommes, témérité politique comme rois.

Le Dauphin n'éprouvait pas plus l'espérance que le désir de rentrer sur le sol de la patrie. Il restreignait l'éventualité de ses tentatives à des chances invraisemblables. « *Si j'étais appelé par deux ou trois provinces, si j'y apercevais une armée de quinze ou vingt mille hommes, c'est-à-dire, assez nombreuse pour imposer par le nombre, sans avoir recours aux fusils, en ce cas encore...* » Et sa voix même manifestait l'indécision, l'aversion même plutôt que l'appel à Dieu et à son épée.

L'entretien s'allongeait : circonstance

rare avec ce prince, dont la parole est brève et l'esprit rêveur. Aussi, s'effaçant tout à coup :

« Eh! mon Dieu! le Roi vous attend, marquis! »

Charles X effectivement m'attendait, mais avec patience, avec son aménité ravissante. Il me confia un pli cacheté pour le comte de l'Alcuda, qui représentait Don Carlos à Vienne.

Mme la Dauphine m'attendait aussi. Soit qu'elle se plût dans la région des souvenirs, soit qu'elle craignît que le Dauphin n'eût mis mon attachement à l'épreuve par quelque vive boutade, elle me rappela mes relations de Toulouse avec Louis-Antoine; le baptême de ma fille, Marie-Thérèse, à laquelle Mme la Dauphine nous fit l'honneur d'être la marraine; et le ferme appui que le Dauphin me donna longtemps, me dit-elle, contre la *malveillance* et la *jalousie* du ministre Decazes.

« Nous avons bien peu d'espérance. Mais j'espère que nous nous reverrons, n'est-ce pas? » Et des larmes remplirent ses yeux. Des larmes aux yeux de cette princesse, qui en verse bien rarement! car, m'avait-elle dit un jour :

« Mes parents m'avaient fait au Temple une loi de ne pleurer jamais, et ce devoir que j'observai est devenu une habitude. »

M. le duc de Bordeaux limita ses adieux aux impressions de son âge : Mademoiselle, au langage de la politesse. Le cardinal de Latil, l'évêque d'Hermopolis, Saint-Chamand, le docteur Bourgon, le premier valet de chambre du Roi, tous m'exprimèrent des sentiments dont l'unanimité et la sincérité me témoignèrent que j'avais saisi un diapason difficile entre les partis qui divisaient la colonie fugitive.

De ces derniers adieux, le plus long fut celui que prolongea le duc de Blacas. Ses adversaires me pardonnaient sa sympathie pour moi, c'était le plus grand effort de leur estime. Nous causâmes de l'Espagne : de l'union qui s'établissait entre les deux branches royales, toutes deux attaquées par deux usurpateurs. La cour de Prague prêtait aide et protection à Don Carlos; le comte de l'Alcuda était en correspondance suivie avec le duc de Blacas; et celui-ci manifestait au comte de l'Alcuda la sympathie de Prague envers Don Carlos, en monnaie plus solide que de vaines condoléances : M. de Blacas se préparait à expédier en Espagne la somme de cinq cent mille francs prélevés sur le trésor de Charles X.

Le dîner et la soirée nécessitaient la réunion collective de toutes les personnes dont je m'étais séparé isolément. A peine assis à table, M. le Dauphin s'écria d'un bout à l'autre : « *Ah! marquis, vous avez retardé le Roi d'une demi-heure!* »

Manie extraordinaire de l'horloge. Pour Louis-Antoine, manquer de quelques minutes, c'était de la part de l'humble sujet la plus grande des hardiesses, de la part du prince la suprême faveur. Repas fini, soirée prête à se clore, le jeu durant encore, je m'esquivai du salon et du palais.

La jeune Mademoiselle ne m'avait exprimé que des paroles polies. Sa retraite du salon royal avait précédé la mienne; et voici qu'un valet, à sa livrée, frappa à ma porte. Il me remit une boucle de ses cheveux déposée sous une gracieuse enveloppe, avec ces mots écrits de sa main : « Souvenir à la duchesse de Gontaut. » Je quittai Prague le 8 juillet au soir, emportant dans mon cœur un éternel souvenir de ce palais de Bohême, de ce cher Hradschin, où la majesté royale expiait des fautes et supportait des revers que la censure poursuit, mais que la piété vénère.

A PARIS

De retour à Paris, où j'arrivai le 17 juillet, je m'empressai de dissiper certaines rumeurs qui circulaient sur la santé et même l'existence du jeune Henry. Immédiatement j'adressai aux journaux la lettre suivante :

« Paris, 17 juillet 1835.

« Arrivé de Bohême hier, Monsieur, je
« me félicite de concourir à effacer, par des
« notions précises, les sinistres rumeurs
« répandues dans les journaux de Paris, sur
« la santé des trois princes qui attirent sur
« l'antique palais des rois de Bohême les
« regards de la France.

« A de légères atteintes de rhumatisme,

« le roi Charles X a opposé l'usage des
« eaux de Tœplitz et l'essai passager d'un
« régime d'abord peut-être trop austère.
« Nulle autre infirmité n'altère la force ori-
« ginelle de sa constitution. Il marche sans
« appui, sans effort, sans fatigue. Son affa-
« bilité n'a rien perdu de son charme ; ses
« entretiens, rien de leur facile et gracieuse
« abondance. Parvenu à un âge que n'attei-
« gnit aucun autre roi de France, il paraît
« appelé à toucher au terme extrême qu'at-
« teignent si peu de mortels.

« Monsieur le Dauphin arrive à sa
« soixantième année ; mais le temps n'a
« laissé sur lui aucune empreinte. Trop
« méconnu en France, ce prince considère
« l'avenir comme le passé, non avec un
« orgueilleux dédain, mais avec une reli-
« gieuse et ferme résignation.

« Enfin, je ne conçois pas quelle ima-
« gination a pu tracer de M. le duc de
« Bordeaux le portrait qu'ont répété des

« journaux de Paris. Les traits en sont
« fantastiques. Une belle figure animée de
« vives et saines couleurs, une taille moins
« caractérisée par la hauteur de la stature
« que par la vigueur musculaire des formes ;
« une voix sonore, retentissante, une agilité
« singulière dans tous les exercices du
« corps, une application qui fut momenta-
« nément ralentie, mais aujourd'hui con-
« stamment ramenée au développement des
« études classiques et militaires ; la modes-
« tie, la bonté, la réserve, un discernement
« prompt et sûr ; tel est le portrait fidèle d'un
« enfant qui n'a pas encore accompli ses
« quinze années.

« C'est en témoin oculaire, c'est de huit
« jours de date seulement, du 8 juillet, que
« j'ai l'honneur de vous transmettre ces
« véridiques notions.

« J'y ajoute, Monsieur, etc... »

Dès la publication de cette lettre, mon

drapeau heurta celui des royalistes parisiens; car il signalait l'invalidité des abdications. Sous ma plume, le jeune Prince n'était que le duc de Bordeaux.

M. de Genoude, à qui M. de Villèle au temps de sa splendeur avait donné la direction de la *Gazette de France,* avec la collaboration de MM. de Lourdoueix et de Beauregard, crut pouvoir mutiler mon texte et y insérer ce terme un peu trop mignard : Notre Henry. Choqué d'une telle mauvaise foi, je lui en reprochai la messéante substitution. Il me répondit :

« Oh! il y a cinq ans que je ne connais plus ni Charles X, ni le Dauphin, ni le duc de Bordeaux : je ne connais que Henry V. »

On sait que le parti royaliste était alors scindé en deux camps : le premier comprenait les royalistes fidèles au Roi et à Louis XIX ; le second, les royalistes dévoués aux constitutions écrites et satisfaits de la proscription de Charles X. En tête de ceux-ci s'agitaient leurs journaux les plus renommés : la *Gazette de France* et la *Quotidienne*; leurs chefs Genoude et Briant s'étaient faits les porte-drapeau de la future monarchie; ils y avaient posé un écusson : le leur. Tout autre drapeau leur était au moins suspect, ils l'ensevelissaient dans le silence.

Singulière impression que celle dont allait peut-être s'affecter la famille royale, en me voyant sitôt démentir à Paris mes doctrines de Prague!

A cet égard, les alarmes de mon cœur s'évanouirent vite. De Tœplitz, où il avait suivi Charles X, le duc de Blacas m'écrivit une lettre finissant ainsi : « ...*Votre lettre* « *aux journaux n'a pu qu'augmenter ces* « *bonnes impressions. C'est vous dire qu'elle* « *a été fort goûtée, fort approuvée par toute* « *la famille royale.* »

Une autre résolution occupait mon esprit. Véritablement ému de l'état de division dans lequel se trouvait la noblesse en France; de la triste position à l'étranger de la branche aînée détrônée par la branche cadette, je conçus le dessein d'aller droit au chef de la révolution de Juillet. Je me disais : Si Louis-Philippe comprend ses intérêts propres et ceux de sa famille, il cherchera la solidité de son trône et la sécurité de sa race. Père, homme d'esprit, âgé, voudrait-il toujours s'aveugler dans une politique hostile au droit, qui divise et affaiblit la société possédante au profit du jacobinisme? Aujourd'hui, il est en mesure d'imposer ses conditions; s'il fait acte de clémence, il rappelle à lui la confiance et peut effacer la scission profonde qui existe entre les légitimistes et les orléanistes. Cette parole de paix, qui peut la lui faire entendre? Entouré de flatteurs qui s'efforcent d'entretenir la haine, les préjugés, il se méprend probablement sur la situation politique? La vérité, qui peut la lui montrer? Personne n'a tenté cette démarche. Pourquoi pas moi? Pourquoi ne pas user de l'accès peut-être encore ouvert au gendre du colonel du régiment de Chartres; au préfet qui ne l'a pas fui lorsqu'il était sans prestige; au voyageur qui vient le voir en revenant la tête haute du Hradschin? Restait à établir le canevas d'un entretien direct. Mais encore fallait-il demander et obtenir audience. J'avais été en relation, à Toulouse, avec une dame de compagnie de Marie-Amélie, s'intitulant : Reine des Français, et je songeai que par cette chère protectrice, je pouvais obtenir un accès aux Tuileries. Je préparai ma lettre; elle était ainsi conçue :

« Madame,

« Le roi Louis-Philippe n'aura pas oublié
« peut-être, qu'en un temps où il était bien
« loin d'exercer aucun pouvoir dans le
« royaume, je ne fis jamais un voyage à
« Paris sans venir lui présenter mes hom-
« mages.

« Fidèle à d'autres malheurs, au même
« désintéressement, je viens aussi de porter
« à Prague un tribut de respectueuse affec-
« tion et l'expression personnelle de vœux
« conciliatoires.

« Ces vœux, sans l'accomplissement des-
« quels il n'est à mes yeux nul espoir de
« salut ni pour l'une ni pour l'autre famille
« royale, ni pour ma patrie ni pour une
« grande partie de l'Europe, seraient-ils
« d'une réalisation impossible?

« Elle est difficile, très difficile même, je
« le sens parfaitement. Mais s'il m'était
« donné d'en entretenir le Roi, seul, en tête-
« à-tête ou en présence de vous seule,
« Madame, vous garantissant d'avance la
« plus profonde discrétion de ma part,
« osant la demander de même à Leurs
« Majestés.

« Si ma demande était agréée, je souhai-
« terais qu'elle eût son effet aux Tuileries,
« de jour autant que possible, de manière

« à dérober à l'attention publique jusqu'au
« moindre soupçon.

« Je suis, Madame, etc. »

Ma lettre écrite, il me vint toutes sortes de réflexions : Ma conduite était-elle régulière ? Obtiendrait-elle la sanction des exilés de Prague, du duc de Blacas ? Pour dissiper ces doutes, je résolus de me confier à un ami : M. de Quélen, archevêque de Paris.

On sait que la révolution de Juillet avait brûlé le palais de l'archevêché et tyrannisé quelque peu Mgr de Quélen. Il avait pour retraite le couvent du Sacré-Cœur, rue de Varennes, 41 ; pour logement une chambre assez spacieuse, mais sobrement meublée, avec un lit étroit, sans rideaux. Il restait à jeun jusqu'à onze heures. A onze heures, il déjeunait au milieu de prêtres, ses convives. Il avait fixé la matinée du 20 juillet à ma demande d'audience. Je ne sais par quelle erreur mon retard s'allongea jusques à midi et demi. Il m'attendit au salon jusqu'à cette heure-là, à jeun, et quand j'entrai, pas un signe d'impatience n'altéra sa noble physionomie; le grand prélat, en qui la Providence avait réuni tous les dons, toutes les vertus, possédait au plus haut point la douceur exquise et le ferme courage.

Je lui exposai mon dessein; il lut et relut ma lettre. Notre entretien dura près de trois quarts d'heure, et, tout débattu, il approuva l'action et improuva la lettre. « Pourquoi écrire? Les révolutions ont mille moyens pour torturer un écrit et en exprimer des crimes!

« — Comment suppléer à ma lettre par une demande verbale? à qui faire comprendre l'action? par qui la faire transmettre à son adresse?

« — Nous chercherons! » répondit-il.

La conversation s'engagea ensuite sur la situation des exilés de Prague; la politique du duc de Blacas; les péripéties de mon voyage de Paris en Bohème. Je lui racontai qu'à Nancy j'avais déjeuné avec le courageux évêque, Mgr Janson, et qu'à sa table se trouvait aussi l'ancien curé de Saint-Germain l'Auxerrois, qui avait apporté les derniers sacrements à l'infortunée Marie-Antoinette, dans la prison de la Conciergerie, la veille de monter à l'échafaud.

Mgr de Quélen répondit :

« On a mis en doute la conduite de ce digne prêtre : mais j'y ajoute la plus grande foi, je le connais : sa vertu est au-dessus du mensonge. »

Je le quittai peu après. Je l'ai revu quelques années plus tard : en octobre 1839, au même lieu, dans la même chambre, entouré de la même simplicité, en proie à de cruelles souffrances.

Je le trouvai en une heure de pansement. L'évêque de Versailles, Mgr Blanquart-Bailleul, était auprès de lui. Il me reçut pourtant. Je lui exposai mon voyage à Rome, mon audience du Pape, l'entretien avec le cardinal Lambruschini, les idées incomplètes de la cour romaine sur l'état moral de la France. Il prit part à ces objets d'ordre général et, venant ensuite à sa douloureuse maladie, je lui communiquai les alarmes que j'avais partagées et l'espérance que j'éprouvais maintenant.

Se relevant à demi, appuyé péniblement sur son coude, il me répondit avec une sérénité pénétrante :

« Oui, j'ai dû croire que mon heure était venue, et je me préparais à subir mon jugement. Aujourd'hui, le siège du mal est mieux connu. Le repos que je n'ai pu trouver en Normandie et que je me donne à Paris, a rendu à mon sang sa circulation naturelle. L'anévrisme qu'on redoutait n'est pas formé... »

Et il me démontra l'état physique du cœur, du péricarde, de la poitrine, avec autant de justesse, de clairvoyance dans les termes que s'il avait analysé le foyer de son mal le scalpel à la main.

« Vous avez la force, Monseigneur, vous êtes jeune encore, il y a bien des ressources ! »

« Je vais avoir soixante ans, et ce n'est plus que *la jeunesse de la vieillesse.* »

M. de Quélen ne marquait certes pas son âge.

Quelques semaines après cette deuxième visite, vers la fin de décembre, M. de Quélen rendait son âme à Dieu. Paris perdait son apôtre, son Fénelon, son Belzunce, et le navire de l'Église de France perdait son amiral.

Revenons à ma lettre. Nous étions au 28 juillet, cinquième anniversaire des glorieuses journées. Le canon résonnait aux Invalides. Dans les rues, l'affluence des curieux était grande. A midi, heure à laquelle Louis-Philippe devait suivre les boulevards en passant une revue solennelle, je m'acheminai vers la place Vendôme pour la traverser et atteindre les boulevards.

« On ne passe pas! répliquait aux piétons un sergent des gardes nationaux.

« — J'ai pourtant affaire là, en montrant un hôtel de la place, celui de M. de Baulny.

« — C'est la consigne : faites le circuit. »

Le circuit s'accomplit par la Madeleine. J'employai une demi-heure à me replacer sur le boulevard, à l'extrémité de la rue de la Paix. J'avais dépassé le débouché de la rue de Richelieu, lorsqu'un mouvement brusque, insolite, violent, vint saisir d'effroi toutes les physionomies.

« Qu'est cela? demandai-je.

« — On vient de tirer sur le Roi : le maréchal Mortier et beaucoup de personnes sont blessés à mort. » Comme on me parlait, je vois s'avancer Louis-Philippe, les princes, les généraux, à cheval, allant au pas, sur une seule ligne. A l'extrémité de la ligne chevauchait de mon côté le maréchal Mouton, dit Lobau, gros homme, au visage animé, dardant des regards de feu sur chaque fenêtre dont le fatal itinéraire était bordé, épiant chaque mouvement, chaque geste, et affrontant, bon gré, mal gré, le sort de son camarade Mortier. L'explosion de l'artillerie de Fieschi produisait cette appréhension.

Exposé à douze feux tirés à bout portant, ce fut par un miracle que Louis-Philippe échappa à cette infernale machine et à cette lâche tentative d'assassinat.

Pris, une fois de plus, en flagrant délit d'assassinat, le jacobinisme essaya d'abord d'en inculper le parti monarchique. Fouillez la chambre du crime! s'étaient écriés ses journaux; n'y a-t-on pas trouvé sur les murs des fleurs de lis?

Non : il n'y avait sur les murs ni fleurs, ni emblèmes monarchiques. Le mensonge après le crime coûte peu.

Mais l'impudence avait ses échos tout prêts dans la magistrature. Le parti de Juillet ne s'était pas scindé encore. Le royalisme absorbait seul toutes ses oppressions, toutes ses antipathies. On fit une perquisition dans l'hôtel où j'habitais. Pendant mon absence on bouleversa tous mes papiers; mais on ne trouva rien : rien n'est pas le mot, les agents emportèrent un sac d'écus que j'avais dans mon tiroir.

La police de France est alerte en manœuvres. Très irritée contre l'opposition, n'aurait-elle pas publié, si M. de Quélen n'avait pas prévenu l'envoi de ma lettre à la reine Marie-Amélie, quelque placard de ce genre : Dans un hôtel, on a découvert de passage un émissaire de Charles X, arrivé de Prague récemment. Il n'a pas fait mystère de son retour. Il a écrit au Roi par l'intermédiaire d'une dame de compagnie; il demandait une entrevue secrète : Pourquoi faire? Mystère!... Mais on peut conclure que cet émissaire n'ignorait rien de l'attentat et qu'il se proposait de conclure un marché avec le Roi pour la divulgation du crime qui se tramait; si toutefois il est bien prouvé que Prague et l'émissaire ne sont pas complices de l'attentat. Un réquisitoire atrabilaire eût colligé à sa guise tous ces piètres soupçons; le journalisme les aurait mis en relief; l'opinion les aurait grossis : voyez où nous allions!

Je ne pus qu'applaudir à la sagesse de notre illustre archevêque, M. de Quélen; et j'ajournai aux calendes grecques l'idée trop hâtive ou trop tardive d'appeler le Roi des Français à résipiscence et la France à la concorde.

Aussi, après une visite à M. Jauge, le célèbre banquier, qui avait eu le périlleux honneur d'héberger le Roi d'Espagne Charles V, et de l'encourager dans le trajet clandestin et fort hasardeux que fit ce Prince accourant par Paris de Londres en Navarre, après une visite à Chateaubriand (1) qui m'avoua ne rien comprendre aux articles financiers sur l'impôt, dont M. de Villèle commençait à inonder les colonnes des journaux dévoués à sa fortune politique, je quittai bientôt Paris et revins à Péguilhan.

Quelle correspondance à dépouiller! Mon ouvrage : *De l'agonie de la France*, paraissait en librairie; et tous mes amis de

---

(1) Depuis 1830, je n'avais pas revu Chateaubriand. Tour à tour porté en triomphe et emprisonné pour délits politiques, il avait subi les succès et les revers des doctrines bâtardes. Maintenant, il commençait à souffrir des amertumes de l'isolement et de l'indifférence publique. Mon opinion lui était hostile, mon amitié affectueuse. Je le visitai donc. Les premiers mots gracieusement échangés, il me dit :

« Que fait donc Villèle à Toulouse? Il se remet en scène : que veut-il dire avec son : *contribuable?* Il voit en tout l'impôt, et il a raison; mais il ne voit que l'impôt, et il a tort. Ah! certes oui, il a bien tort! La solution de la crise politique n'est pas seulement là. Dans l'espace de trente et un ans, la France a vu deux usurpateurs : Napoléon et le duc d'Orléans; et il est certain qu'elle en verra encore d'autres si le principe de la légitimité ne devient pas inviolable. La légalité n'est qu'un mot à l'aide duquel on a sapé l'ancienne société, qui est perdue, finie. La bourgeoisie a pris sa place; mais elle ne la gardera pas : elle sera anéantie par le peuple des rues. »

m'écrire, de me féliciter. Je serais mal venu de parler ici de mon œuvre. Cependant, et je crois que la modestie ne sera pas blessée de ces paroles, je dois ajouter que, dans mon intention, ce livre était un fait; le fait hardi et honorable, patriotique et désintéressé. Je m'adressais à mes princes et à ma patrie; j'affrontais mes amis et mes ennemis dans une charge à fond dirigée contre toutes les ambitions malsaines, les politiques coupables, les turpitudes décrépites : abus routiniers, pillages, trafics scandaleux qui se faisaient sans vergogne du haut en bas de l'échelle administrative.

Comme œuvre politique, l'ouvrage subit des mutilations forcées. Saisissant au vol l'attentat de Fieschi, d'un mal voulant tirer un bien et profitant d'un crime horrible pour assurer la stabilité de la dynastie orléaniste, les ministres de Louis-Philippe essayèrent d'enchaîner la presse. Mon livre ne fut point exempt de la censure des fameuses *lois de septembre* (1).

Comme œuvre littéraire je n'en dirai rien : j'avoue que je n'ai pas cherché la forme, j'ai visé le fond et la vérité. Mais l'ouvrage fut perdu; après toutes sortes de péripéties, il échoua de chez son éditeur Méquignon, qui s'en servit pour payer ses créanciers, à l'étalage des bouquinistes.

Pour être équitable en tout point, comme d'ailleurs pour ma consolation personnelle, je dois dire que la ruine de l'ouvrage ne fut pas tout à fait si complète. Entre les approbateurs, il en fut, dont la qualité supplée au nombre. Au premier rang, je mets M. de Bonald. Je l'avais assez maltraité; néanmoins, doué d'un cœur non moins supérieur que son esprit à la vanité, il m'écrivit ces belles paroles : « *Vous êtes bien sévère :*

---

(1) Un de mes bons amis, le général Donadieu, qui venait de publier un ouvrage politique : *De la vieille Europe*, se vit jugé et condamné, deux mois après la publication, à la saisie du livre, à deux années de prison, à une forte amende, pour avoir voulu s'affranchir de la censure des lois de septembre.

mais j'accepte tout. » Voici une lettre de Bonald, octogénaire et plein de verve encore :

« Paris, 25 novembre 1835.

« J'ai lu, Monsieur le marquis, avec
« toute l'attention qu'il mérite, votre ou-
« vrage sur le triste sujet de l'agonie de la
« France. Ce n'est pas d'aujourd'hui que
« je suis d'accord avec vous sur l'applica-
« tion que vous en faites et sur les consé-
« quences que vous en tirez.

« J'accepte jusqu'au reproche que vous
« faites à la pairie; je l'ai toujours regardée
« comme bien plus démocratique, malgré
« ses nobles, que monarchique. Vous devez
« me trouver d'après cela bien inconsé-
« quent. Mais c'est une position (1) ... que
« je ne me suis pas faite, que je n'ai ni sol-
« licitée, ni même désirée, et que malgré le
« besoin de vivre j'aurais peut-être refusée,
« si elle m'avait été offerte et non imposée.

(1) Mot illisible.

« Je ne désire donc pas qu'elle soit rétablie,
« et encore moins qu'elle soit donnée au
« clergé.

« Louis XVIII, bel esprit, avec plus de
« mémoire que de bon esprit, élève de la
« philosophie et fils de son siècle, a tout
« perdu : le pouvoir, en le partageant avec
« les Chambres; la religion, en décrétant
« l'égalité des cultes; la noblesse, en la
« changeant en patriciat; le tiers état lui-
« même, en appelant tous les individus à
« une participation au pouvoir politique qui
« ne devait appartenir qu'à la famille à
« mesure de ses progrès en fortune et en
« instruction. Mais enfin le mal est fait et
« consommé, et je serais aussi en peine que
« vous de répondre à la question : La France
« doit-elle périr?

« Je ne vois pas plus que vous les moyens
« de salut. Lorsqu'on les cherche, on ne
« trouve qu'un miracle, comme nous en
« avons eu et sans avoir répondu à cette

« grâce du ciel. Jamais, jamais on ne gou-
« vernera la France, c'est-à-dire on ne la
« sauvera, avec ce gouvernement représen-
« tatif et ses accompagnements de cham-
« bres, d'élections, etc., etc. C'est ce qui a
« perdu la Restauration; et si nos amis dans
« le temps de la Restauration ont fait une
« grande faute, c'est d'avoir accepté le mi-
« nistère avec le devoir de faire marcher
« cette Constitution absurde et impossible.

« ...La souveraineté du peuple, des grands,
« intronisée dans la Chambre des pairs,
« n'est pas plus capable de faire le bonheur
« de notre pays que la souveraineté du
« peuple des rues. »

A côté de l'appréciation de M. de Bonald
je dois placer celle de la famille royale. Il
n'avait pu me convenir de lui adresser des
exemplaires. Censeur amer de la Restauration et de Louis XVIII, était-ce à moi de
crier au Roi Charles X : « Séparez-vous de

votre frère et de votre époque »? Mon procédé eût-il paru un hommage ou une insulte? Je dus aussi respecter dans le duc de Blacas le favori de Louis XVIII. Je le prévins que ma réserve était motivée par de justes égards. On comprit, à Prague, cette délicatesse. Deux exemplaires me furent demandés. Voici l'intéressante lettre que m'écrivit le duc de Blacas :

« Prague, 31 janvier 1836.

« J'ai fait venir de Paris votre ouvrage,
« Monsieur le marquis, je me suis empressé
« de le faire connaître, et je l'ai lu avec inté-
« rêt. Je dois cependant avouer que, quoique
« vous m'eussiez prévenu, j'ai trouvé vos
« jugements sur le feu Roi trop sévères; et
« je ne puis m'empêcher d'être persuadé
« que, si vous aviez connu le fond de ses
« pensées, de ses vues, les difficultés de sa
« position, vous auriez adouci les reproches
« que vous lui faites.

« ...Je suis bien de votre avis sur de
« grandes fautes commises et sur la néces-
« sité pour les provinces de se détacher de
« la capitale, de ne plus en subir la loi. Ce
« n'est en effet qu'en province qu'on peut
« trouver encore l'ancien esprit national. »

Le cardinal de Latil m'écrivit en ces termes :

« ...J'ai retardé de vous écrire en raison
« d'infirmités que l'hiver rend pénibles,
« surtout quand on est destiné à courir le
« monde sans savoir où chercher un tom-
« beau...

« Votre ouvrage a passé de mains en
« mains. J'ai eu enfin le plaisir de le lire;
« et il me sera d'autant plus facile d'expri-
« mer avec franchise ce que j'en pense, que
« mes doctrines sont les mêmes et que les
« sujets sur lesquels je ne puis être de votre
« avis sont en petit nombre. »

Je passe au profond et spirituel Rubichon, l'un des flambeaux actuels de la science économique, errant dans tous les pays étrangers, les observant tous, écrivant sur tous; il m'avait suivi de très près, à Prague, à Vienne. Son neveu Mounier, colonel du génie, passant de Portugal en Russie, venait d'être arrêté en sa route et heureusement attaché à l'éducation du duc de Bordeaux.

« Vienne, 14 décembre 1835.

« J'ai étudié votre ouvrage avec attention
« et intérêt. Il fourmille d'idées justes...
« Nous ne sommes, je vous assure, en di-
« vergence sur aucun point... J'ai passé
« près de trois mois à Prague; vous savez
« qu'on n'est prêt, qu'on n'est décidé sur
« rien, choses ou personnes... Le duc de
« Bordeaux promet d'être un souverain de
« la plus haute distinction. Mon neveu,
« Mounier, est surpris de la rectitude de

« son jugement et de sa facilité de concep-
« tion. S'il a la fougue de son père, il en a
« les heureux retours; il est d'ailleurs d'un
« caractère ferme, et sa politique ne vacil-
« lera point. »

Arrivons au jugement du comte de Montgaillard, le révolutionnaire. On sait que cet homme remarquable, à qui la nature prodigua tous les dons de l'intelligence, excepté la règle qui les dirige, avait eu une pension de quatre mille francs de Louis-Philippe, après avoir été, tour à tour, le serviteur et l'ennemi de la branche aînée, l'adversaire et le correspondant de Napoléon. Cynique en ses jugements, il étincelait par le style. Voici un fragment de sa lettre :

« ...Ne parlons pas de Voltaire l'aristo-
« crate, de Jean-Jacques Rousseau le répu-
« blicain. Nos compatriotes gascons, Mon-
« taigne le philosophe, Montesquieu l'an-

« glican proclament ou sous-entendent la
« souveraineté nationale dans chaque page
« de leurs immortels écrits; ils ont plus dit
« et fait en faveur de la liberté et de l'éga-
« lité, que les deux grands contemporains
« que l'on rend fauteurs en titre de notre
« révolution...

« Louis XVI ne pouvait l'éviter. Il la
« voulut ou plutôt la reconnut, mais il ne
« sut pas la subir; c'est qu'il ne la compre-
« nait pas. Napoléon la comprenait à mer-
« veille; mais le grand despote se flatta d'en
« étouffer les principes dans les bras de la
« gloire; il mourut dans les fers. Louis XVIII
« s'imagina qu'il la tromperait. Mais le père
« de la ruse s'abusa lui-même, il mourut à
« temps. Une troisième restauration ne lui
« aurait pas été possible. Ce bel esprit est
« le Roi fallacieux le plus absolument per-
« sonnel qu'ait jamais eu la France. Je ne
« vous parlerai pas de son frère cadet, ce
« prince sans autre courage que celui du

« bigotisme; prince auquel il fallait une
« calotte d'archevêque pour couronne, et
« un rituel romain pour sceptre : *Requies-*
« *cat in pace!* Vous voyez toujours un Roi
« dans le prince qui s'est banni lui-même
« trois fois; moi, je n'y vois qu'un auguste
« sot :

« Il n'est pas méchant, je l'avoue; l'étoffe
« lui manque à cet égard. Quant à son re-
« jeton et à la greffe tentée en France, je
« n'en dirai rien, je respecte trop vos prin-
« cipes. Mais un mot encore sur le premier
« des assassins de Louis XVI l'*imbécile*.
« Quel monstre que ce roi de Hartwell et
« de Gand! Achille une plume à la main;
« Thersite l'épée au poing; espèce de Ti-
« bère, de Vitellius académicien.

« Vous êtes vrai, mais pas assez, sur les
« individus marquants ou marqués. Par
« exemple, que d'indulgence polie pour
« M. de Talleyrand, l'homme funeste à la
« royauté, au clergé, à la noblesse! Il les a

« plus déconsidérés à lui seul que toutes
« nos assemblées de 1792 à 1830...

« Le petit M. de Villèle-Campauliac vous
« doit mille actions de grâces; il peut se
« glorifier d'avoir puissamment contribué
« à découronner la branche aînée. Le grand
« coloriste l'a très bien secondé; M. de Cha-
« teaubriand a plus fait de mal à cette bran-
« che par son caméléonage politique qu'il
« n'espérait sans doute lui faire du bien avec
« son éloquence orientale : Augustin au
« boudoir et Dora à l'église... Ne jetez plus
« les yeux en arrière; nous aurions beau
« nous enfoncer *extra* et *intra*, comme un
« vieux tonneau, la France sera toujours
« terre de liberté, terre des Francs : vos
« petits-fils verront la liberté constitution-
« nelle reine et maîtresse du monde! Le
« Tartare, l'anthropophage du Nord sera
« réduit avant la fin du siècle à s'age-
« nouiller devant elle. La presse contem-
« poraine a affranchi le genre humain.

« ... Le dix-neuvième siècle a bien autre
« chose à faire que raisonner principes.
« Quel siècle! il n'a encore que trente-
« cinq ans : que sera-ce, arrivé, comme
« moi, à soixante-quinze ans? Nous dissé-
« quons, nous matérialisons tout; il n'y a
« plus aujourd'hui que grands hommes sur
« grands hommes; fi du génie, de l'hon-
« neur, de la probité! Et comment n'en se-
« rait-il pas ainsi? Une bouteille d'encre
« rouge ou noire selon le temps; un paquet
« de plumes d'oie, une paire de ciseaux :
« en vingt-quatre heures un homme tout à
« fait inconnu la veille surgit dans les jour-
« naux, dans la politique. Il se proclame,
« décompose la nature, refait la morale et
« dit oui ou non, selon ses intérêts. Que
« voulez-vous, tout le monde est si savant
« aujourd'hui, que bientôt personne ne
« saura plus rien!... Nous en sommes aux
« petites brochures et aux grands génies;
« aux érudits philanthropes et aux Bédouins

« sociaux. Plus d'idées religieuses, sociales,
« politiques. Argent et crédit, égoïsme et
« jouissance, tel est l'unique but pour lequel
« l'homme et le citoyen sont faits. Au bout
« de tout cela, vous le dites fort bien : *To be*
« *or not to be, that is the question*. Qu'importe? »

Certes, il y a plus que de la verve dans cette épître : il y a de l'insolence. Donner à Louis XVI l'épithète d'*imbécile*, à Louis XVIII celle de *premier assassin de Louis XVI*, à Charles X celle d'*auguste sot* : c'est parler la langue du jacobin. Il est vrai que quand on connaît l'homme qui a écrit ces lignes, rien ne peut plus surprendre ni étonner.

Enfin, je termine la série de ces bonnes lettres par la missive de Sa Sainteté Grégoire XVI. Elle est datée de mars 1841, écrite en latin et signée du secrétaire de son cabinet pour les lettres latines. En voici la traduction :

« Sa Sainteté m'a ordonné de vous re-
« mercier de votre livre, en son nom, de
« vous attester sa charité paternelle et de
« vous annoncer la bénédiction apostolique
« qu'elle unit au vœu de toute sorte de pro-
« spérités et qu'elle vous donne à vous, ainsi
« qu'à votre maison, avec l'attachement le
« plus affectueux. »

LOUIS XIX
AU CHATEAU DE KIRCHBERG

Prague et son palais ne pouvaient être délaissés par la famille impériale d'Autriche; le monument des anciens rois de Bohême, malgré sa vaste étendue, était encore trop exigu pour contenir simultanément la maison royale de France et la maison impériale d'Autriche. S'effacer était pour le Roi Charles une pénible obligation à laquelle son âme chevaleresque ne pouvait se résoudre : aussi résolut-il de chercher ailleurs un autre toit hospitalier.

Je ne sais par quelle fatalité son regard s'arrêta en Illyrie, sur la petite et triste ville de Goritz, entre les Alpes et l'Adriatique. Adieu donc les rives de la Moldau! On se met en marche, et les présages sinistres se multiplient. Près de Budweiss, entre Prague et Lintz, M. le duc de Bordeaux est saisi d'une fièvre cérébrale. Le danger du jeune Henry frappe l'aïeul d'effroi; Budweiss le consume d'ennui : « A tout prix tirez-moi d'ici!... » dit à tout instant le jeune prince au duc de Blacas.

Non loin de là, sur un plateau sec et glacial, parmi des forêts de sapins, loin des grandes routes, s'élevait solitairement le château de Kirchberg. Un parc, où erraient quelques biches, y était contigu. Vite et fort cher on acheta ce domaine. Le Roi s'y reposa quelques jours et partit pour Lintz.

A Lintz, il voit une grande ville, un grand fleuve, une garnison nombreuse, et se rencontre avec l'archiduc Maximilien.

Un tel séjour le tente d'abord; néanmoins, le Roi y renonce, et les exilés continuent leur marche jusques à Goritz. A Goritz, Charles X descend dans un hôtel, situé à une extrémité de la ville, et sa famille s'installe dans un autre hôtel, à l'extrémité opposée.

Charles X était encore robuste, ses organes sains; de nombreuses années lui semblaient promises. Mais quelques jours après son arrivée, le choléra d'Asie se transporte inopinément à Goritz, n'y saisit qu'une victime, et cette victime est le Roi. Charles X est frappé le jour même de sa fête, il expire le surlendemain; la France monarchique apprend la mort de son Roi banni sans autre préparation que l'aspect du cordon noir tracé en ceinture de deuil autour des gazettes monarchiques.

Les détails sur cette brusque et lugubre catastrophe sont étrangers à ce deuxième pèlerinage. Mon ami et parent, Montbel, en fut le témoin et en a été l'historien. MM. de Blacas et Billot, témoins aussi au chevet du lit où gisait le royal défunt, m'ont conté les scènes suivantes :

Averti par le docteur Bourgon que Charles X était mort, le duc de Blacas, ému, mais se contenant avec une froide énergie, s'approcha de la dépouille de l'auguste proscrit, la contempla un instant, puis, à voix basse, religieusement, il dit à M. le Dauphin, qui, agenouillé au chevet du lit funèbre, les lèvres appuyées sur une main inerte et glacée, semblait ignorer que l'âme de son cher et vénérable père et Roi avait pris son essor vers les cieux :

« J'attends les ordres de Votre Majesté. »
Ces mots réveillèrent comme en sursaut le royal héritier.

« Ne me donnez pas ce titre ! » répliqua-t-il. Et tout de suite, il signifia le même ordre à tout le personnel de sa maison. M. de Metternich fut officiellement avisé.

Pendant quelques jours, Louis-Antoine persista à repousser de lui tout attribut de son auguste héritage, et il ne consentit à en accepter les qualifications qu'après un conseil orageux, où il reconnut enfin la nécessité de donner au duc de Bordeaux un Roi majeur, et à la France un chef nominal, mais non adolescent. Les principaux assistants de ce conseil furent le duc de Blacas, le cardinal de Latil, M. Billot, l'ancien procureur de la Corse. M. Billot opina le premier pour le titre royal et opina avec énergie :

« Si Louis XIX n'est pas roi, dit-il nettement, c'est à Henry V de donner des ordres. »

Louis-Antoine parut entraîné, plus que convaincu. Par une singulière contradiction, il voulut n'être roi que *intra muros*. Qui donc l'était au dehors ? Y avait-il deux rois ? Ces équivoques ne simplifiaient pas la situation des royalistes français.

Même imbroglio vis-à-vis des puissances étrangères. A la nouvelle d'un Louis XIX titré Roi, à Goritz, M. de Metternich s'étonne ; il se plaint de ce changement. On lui dépêche M. de Montbel, et l'héritier de Charles X, son fils unique, Louis XIX est réduit par les cours d'Autriche et de Russie à cette humiliation de faire expliquer par son ambassadeur spécial sa détermination : il n'accepte le titre de roi qu'en raison de la jeunesse de son neveu; son intention est de ne jamais régner en France, il adhère absolument à l'écrit affirmatif dont Montbel est saisi. La main royale a signé cet écrit. La copie certifiée fut remise à l'ambassadeur russe, M. de Tatischeff, qui l'envoya à son maître. De sorte que pour le Czar, Louis XIX n'existait que de nom; pour lui, le véritable héritier de la couronne de France, c'était Henry V. Le spectacle de ces deux souverains étrangers tranchant la validité ou l'invalidité de la loi française sur la successibilité du trône de France, provoque dans l'esprit un sentiment de pitié et d'écœurement.

En notifiant aux diverses Cours la mort

de son père, Louis-Antoine ne signa en effet ses communications officielles que du nom modeste dont il titrait son incognito : *le comte de Marne*. Tous les souverains, hors deux, lui répliquèrent par la qualification d'Altesse Royale : titre alors excessif ou diminutif. Nul, hors ces deux, n'imprima ce caractère d'honneur aux nouvelles relations. L'un fut le roi de Wurtemberg. Il respecta l'incognito officiel et n'adressa sa réponse qu'au comte de Marne, sans en dépasser ni restreindre les limites. Il y eut plus de hardiesse et de vérité dans la réponse du duc de Modène. Les qualifications de : *Sire, Votre Majesté*, signalèrent sa constance dans la ligne droite où les rois d'Europe trébuchaient. Il fut le seul; Louis-Antoine en ressentit de la gratitude, il la manifesta quand j'allai, pour la première fois, saluer en lui le roi Louis XIX.

Lui apporter mon hommage en personne, essayer de le faire sortir de cette apathie mortelle pour la cause légitime, faire preuve de fidélité : ces devoirs de royaliste me décidèrent à tenter un deuxième voyage, mais, cette fois-ci, au château de Kirchberg. Je repris donc le bâton, le bourdon, et je partis.

De Vienne d'Autriche, Kirchberg est à vingt milles de distance, ou vingt postes de France. Pour y arriver, on longe la grande route de Vienne à Prague, jusqu'à la bifurcation que fait la voie de traverse conduisant à Vittés. Un véhicule fait le service du village de Vittés à Vienne. Pour aller de Vittés à Kirchberg, il faut franchir la distance à pied. Ignorant l'itinéraire à parcourir, je fus obligé de louer une carriole à un fermier de Vittés, qui, après trois heures de course à travers plaines et coteaux boisés, me mit au terme de ma destination : à Kirchberg, en face d'un castel dressant ses murailles blanchies au milieu d'une ceinture de sapins; c'était la résidence de Louis XIX; en face d'une église coquette avec son clocher élégant, en face d'un bourg à une rue unique et assez bien meublée en manoirs, halle et fontaines. Nous étions le 18 juillet 1837.

Une chambre m'était retenue chez le pharmacien du lieu par les soins du duc de Blacas; un de ses valets de chambre vint tout exprès m'y installer. C'était, et je ne l'appris qu'au moment de quitter Kirchberg, aux frais du Roi que j'occupais ce logement. L'hospitalité était donc complète.

Arrivé à neuf heures, j'étais à midi chez le nouveau Roi. Il me reçut sans étiquette, sans façon. Quel excès de simplicité en son logement! Une antichambre où couchait un valet dont le lit se dérobait aux yeux, derrière un paravent; ensuite, une chambre unique, sans cabinet. Mieux eût été possible; mais cette chambre était contiguë à celle de la Reine, et les deux exilés ne voulaient ni l'un ni l'autre diviser deux destinées, deux existences dont le malheur avait rendu la vie indivisible. Grâce à cette proximité, le Roi m'introduisit aussitôt chez la Reine.

A Prague luisait encore l'onction royale qui avait consacré le vénérable front de Charles X. La somptuosité du Hradschin, l'importance de la cité de Prague rehaussaient l'infortune de la royauté fugitive. A Prague, si on voyait qu'elle y était proscrite, on voyait aussi qu'elle ne manquait pas d'éclat, que le Roi n'avait pas cessé d'être Roi, qu'il y régnait de droit et de naissance. A Kirchberg, le titre royal paraissait flottant sur les têtes des nouveaux chefs, que le droit d'héritage en avait investis. Il y régnait la simplicité de la vie champêtre, la tranquillité de l'intérieur bourgeois. Ces caractères donnaient aux rapports quotidiens beaucoup plus de familiarité. Malgré soi on se laissait gagner par la simplicité du milieu dans lequel on vivait.

Le titre de gouverneur du jeune duc de Bordeaux avait été conféré au comte de

Bouillé. Simple et loyal gentilhomme, déjà il fléchissait, il aspirait à la retraite; il me l'annonça à mon arrivée, et bientôt il la reçut ou il la prit. Ainsi donc les ombrages du duc de Blacas avaient éloigné successivement, depuis le départ du baron de Damas et de Saint-Chamand, et le marquis d'Hautpoul, et le comte de Bouillé, tous hommes très-instruits, corrects et savants.

L'éducation réelle, l'instruction générale, reposaient toujours dans les mains de l'évêque d'Hermopolis et de son excellent adjoint, l'abbé Trébuquet.

Au jeune et habile colonel Mounier était confié l'enseignement militaire; au vieil et loyal O'Gherty, l'art de l'équitation; au savant Cauchy, les leçons scientifiques en chimie, physique et géométrie.

Accrue en esprit et en grâces, Mademoiselle avait rencontré une gouvernante sèche et rébarbative, mais respectable et sûre : la marquise de Nicolay. Mais la jeune comtesse de Montbel, née de Sigray, qui avait apporté en dot la douceur d'une Allemande, la vivacité d'une Hongroise, l'éducation et la politesse d'une Française, répandait autour de la jeune Princesse et dans tout le cercle royal une activité douce et piquante, un charme enchanteur qui ranimaient la langoureuse monotonie de l'exil.

Je ne trouvai à Kirchberg aucun autre étranger que la jeune et jolie princesse Berthe de Rohan, le comte et la comtesse de Montholon.

La princesse Berthe, qui avait adouci de son mieux le séjour de nos Princes au Hradschin, était intime à Kirchberg; nos Princes l'accueillaient de leur mieux. L'appartement où Charles X vécut quelques jours lui était réservé. A table, la place du feu Roi était la sienne; elle y était assise entre Louis-Antoine et Marie-Thérèse. La modestie de la princesse Berthe ne s'étourdissait point de ces distinctions; jamais elle n'adressait la parole à Marie-Thérèse sans employer les termes de : *Sa Majesté*.

Un soir, le duc et la duchesse de Blacas offrirent à la princesse Berthe un thé dans leur appartement. J'y assistai et j'y jouis d'une conversation intéressante; la personne et la mort de M. le duc de Bourbon en furent le sujet. Ce prince était fils d'une Rohan, et avait reçu de la maison de Rohan, par les droits de sa mère, la somme de quatorze millions. Mort sans postérité, il devait aux Rohan le retour de cette fortune énorme; son testament fut subreptice, sa mort fut violente. Nul doute à cet égard ne s'élevait dans l'esprit de la princesse Berthe ni en nous qui l'écoutions. Comment les tribunaux de Paris n'y avaient-ils porté aucun scrupule? Problème! La visite de la spirituelle princesse dura trois jours; en la quittant, Louis-Antoine lui baisa la main; je l'accompagnai à sa voiture, et elle s'éloigna. Nous ignorions, elle et nous, que c'était là sa dernière visite, le dernier soir d'une vie trop tôt brisée !

La visite du comte de Montholon avait un caractère singulier. Son frère, on le sait, fut l'un des féaux de Napoléon, fidèle à Sainte-Hélène comme à Fontainebleau.

L'autre de Montholon, ancien gentilhomme de la chambre de Charles X, se montrait non moins fidèle à Kirchberg, auprès de Louis XIX. Riche, jeune encore, nouveau marié, il venait avec sa jeune, spirituelle et jolie compagne, en humble royaliste, de Florence en ce désert, saluer le Roi Louis XIX.

Ils occupaient une grande chambre carrelée, chez le boucher du lieu; n'y trouvaient pour sièges que de grosses chaises de paille; ne s'y procuraient qu'une chère détestable. J'étais au château le seul convive de tous les jours; eux n'étaient admis à la table royale que par invitation précise; libre à eux, seulement, d'y passer toutes les soirées. Mais là encore, une circonstance étrange leur imposait une épreuve désagréable. Dans le très court espace qui séparait du château nos deux demeures respectives, s'étalait un bourbier aussi horrible qu'inévitable. Quelques dalles, — et elles abondent en ce plateau granitique, — y auraient frayé une voie convenable. Seigneur du lieu, mais préoccupé de bien d'autres soins, le duc de Blacas ne songeait pas à améliorer cette voie. Quand l'heure de la retraite sonnait pour la jeune et élégante Parisienne, c'était à pied, en bas blancs, en costume de soirée, qu'il fallait patauger dans le cloaque et subir les désagréments de ce détestable passage. Soumis à la même épreuve pour l'heure où le dîner m'appelait au château, je m'y prenais autrement. Une servante du pharmacien me suivait, portant en main des bottes luisantes et immaculées; le comte de Montbel ou le duc de Blacas me prêtaient asile, et je renouvelais ma toilette en bon lieu. Monsieur le duc de Bordeaux, de ses fenêtres, apercevait mon manège, et il en riait avec moi.

La société si restreinte ne reçut d'accroissement que par l'arrivée de deux voyageurs et pour deux jours seulement. Un de ces pèlerins fut mon collègue en préfecture, le comte d'Estourmel. En 1830, préfet à Cherbourg, il avait assisté à l'embarquement de la famille royale; sa démarche était généreuse, car, ami et allié de Sainte-Aulaire, alors ambassadeur de Louis-Philippe à Vienne, il ne craignit pas de se montrer suspect en venant offrir son hommage à Louis XIX, à Kirchberg.

Le vicomte Walsh fut l'autre pèlerin. Directeur de la *Mode,* qu'il publiait sous le patronage de la duchesse de Berry, chef de la vive et folâtre cohorte des jeunes Parisiens qui étaient venus à Prague destituer Charles X et proclamer roi Henry V, il se présentait devant Louis XIX, incertain s'il serait agréé. La politesse et l'indulgence qui marquèrent son accueil lui permirent de croire qu'on ne gardait point mémoire de sa démarche. Aucun rembrunissement n'altéra les physionomies royales. Admis à dîner, à converser pendant la soirée, à partager la promenade à cheval du jeune Henry, il parut pénétré d'une véritable reconnaissance; mais elle n'était qu'apparente. Après son départ, cette reconnaissance fut légère et fugitive. On peut revoir dans les numéros de la *Mode,* en août 1837, le compte rendu que M. Walsh fit de son voyage à Kirchberg. Le style est pompeux, poétique, romantique, mais le fond et les détails sont inexacts. Je relèverai comme inexact un fait qui m'y concerne. Un soir, on faisait de la musique dans le salon royal. Un artiste toulousain, M. Sainton, tirait de son violon les sons les plus flexibles; Mme de Montbel jouait de la harpe, s'accompagnait du chant; Mademoiselle y mêlait aussi sa voix douce, juste et délicate; M. le duc de Bordeaux dessinait en un coin du salon. Assis tout près de lui, je lui demandai s'il aimait la musique et s'il avait de la voix.

« — Une bonne voix, oui, je l'ai, répondit le Prince, mais ces roulades, je ne les aime pas.

« — Ah! j'entends, Monseigneur, vous n'aimez que les roulades de la musique du roi de Suède Charles XII?

« — Comment, Charles XII?

« — C'est qu'à l'âge de dix-huit ans, à sa première campagne, il entendit quelques balles siffler à ses oreilles; il demanda qu'était ce bruit. « Ce sont des balles, lui dit-on. — Bien! bien! reprit Charles XII, désormais, c'est là ma musique. » A ces mots, le duc de Bordeaux, qui était demeuré inactif et l'œil fixe, s'écria :

« — Ah! cette musique-là, je ne la connais pas encore, mais j'en ai bien bonne envie. »

M. Walsh attribue ces paroles à la conversation d'une femme. Il me semble que la masculinité y sied mieux; et puis, c'est la vérité, j'en suis le garant comme l'acteur.

Au cercle du soir, on laissait causer M. Walsh à sa fantaisie; et lui et sa femme y mirent plus de royalisme que de tact. On y sentait une sorte d'ivresse excusable. Quand ils prirent congé, la Reine leur adressa quelques bons propos; le Roi leur fit trois saluts complets dont le nombre compensa la brusquerie.

Autre fut l'accueil du duc de Blacas. J'étais en trio dans le dernier hommage rendu au ministre par le voyageur. Jamais on ne vit visage aussi glacial, taciturnité aussi sombre, maintien aussi raide. Sans se soucier qu'il avait en face une sorte de puissance, son attitude fut cassante. Cette impolitesse de la part du duc me représentait une déclaration de guerre; mais le vicomte Walsh ne s'en aperçut point. Le plaisir de parler de soi, de parler à tort et à travers, de parler toujours à qui ne dit mot, déroba au chef redouté de la *Mode* une arrogance dont j'improuvai fort et le fond et la forme.

Le vicomte sortit : « Quelle langue! me dit le duc de Blacas.

« — Mais, repris-je, gare à la plume! »

Il n'en fut rien. Et si cette plume effilée n'a pas été propice à la cour de Kirchberg, il faut reconnaître aussi qu'elle ne lui a pas été hostile. Puis, personnalités à part, le duc de Bordeaux et la cause monarchique ont-ils eu un plus ferme appui?

A Kirchberg comme à Prague, ce caractère hautain et sec du duc de Blacas porta des fruits amers. Il commit entre autres fautes, celle de ravir à Monsieur le duc de Bordeaux, Bouillé, en qui brillaient les qualités opposées aux défauts du jeune Prince, et le colonel Mounier, instituteur précieux de sciences théoriques et pratiques. Mounier pressentait sa démission prochaine : il m'en fit l'aveu, un soir que nous nous promenions dans le parc.

Comment se fait-il que, dans les plus chétives cours, s'élève toujours l'intrigue qui paralyse les intentions les plus vives et détruit le succès des meilleurs politiques? A la cour de Kirchberg, il y avait scission : d'une part, entre MM. de Bouillé, Mounier, O'Gherty, etc.; et d'autre part, MM. Billot, Cauchy, etc. De tels tiraillements n'étaient pas sans causer un dommage appréciable à la cause de Louis XIX et à l'instruction du duc de Bordeaux. Un semblant d'énergie de la part de Louis-Antoine aurait certainement dissipé ces rivalités et rétabli la concorde entre les précepteurs et le ministre. Mais Louis XIX détournait les yeux et ne voulait point voir; il laissait M. de Blacas agir à sa guise et en maître absolu. Était-ce en ce prince un goût inné pour le régime des maires du palais ou des favoris? En ce cas, il vaut mieux que le règne de Louis XIX n'ait jamais commencé.

Une nouvelle visite me rappela l'ancien parfum de la cour de France : trois Noailles à la fois. La belle et élégante comtesse de Noailles, sa fille et son gendre, titré duc de Mouchy. Madame de Noailles était la belle-sœur de mon ami et ennemi Alexis de Noailles; son époux, le comte de Noailles, avait été tué au passage de la Bérézina et reconnu parmi les cadavres à un livre de prières sur lequel la main pieuse de sa chère compagne avait écrit son nom. Mort au champ d'honneur et reconnu au vrai signe de la croix, sa mémoire mérite un souvenir.

Hors ces exceptions fugitives, les journées s'écoulaient, à Kirchberg comme à Prague, réglées sur du papier de musique. Aucune différence dans l'emploi des matinées; les soirées avaient souffert quelques variantes. Comme une belle terrasse et un jardin délicieux s'ouvraient devant le salon, on y descendait en sortant de table. Louis XIX s'échappait aussitôt et se réfugiait chez lui; mais sa noble femme et les jeunes princes ne l'imitaient point; ils se promenaient, s'entremêlaient, causaient amicalement dans les allées du parc.

De la promenade on revenait au salon. Il n'y avait plus de table de jeu, comme au temps du roi Charles. Louis XIX rentrait alors; il s'asseyait dans le coin d'un canapé; à ses côtés prenait place qui voulait, le hasard déterminait ce voisinage, peu d'empressement autour de lui; quand je l'occupais, le Prince et moi causions ensemble, à mi-voix. D'ordinaire, ma place était dans le cercle, entre la Reine et Mademoiselle, mon fauteuil établi à quelques pas en arrière; si je ne le prenais point, la Reine m'y appelait. La conversation générale s'animait peu, et l'on y suppléait par une lecture dont s'acquittait fort bien l'infatigable Montbel. Étrange lecture! *Don Quichotte!...* Mademoiselle, en travaillant, le duc de Bordeaux, en dessinant des plans stratégiques, y prêtaient une oreille attentive, s'y abandonnaient aux bons et francs rires de la jeunesse.

En un tel cercle, l'objet d'un entretien quelconque était épineux. Politique, anecdotes, censure, tous ces sujets délicats se brisaient là par l'embarras de les manier. Si l'art de la conversation brillait en Charles X, il manquait absolument à ses héritiers. J'avoue que cette lecture de l'œuvre de Cervantès eut le don de m'étonner. Certainement, une jeune personne, un jeune adolescent avaient droit à quelques récréations, mais le moment était mal choisi. Comment! il se trouvait dans le salon de Kirchberg une réunion d'hommes graves dont quelques-uns étaient contemporains des plus grands événements politiques de la France, et il ne venait à l'esprit d'aucun d'eux de commenter ces événements, d'essayer d'en tirer des aperçus, des leçons qui eussent certainement mieux profité au jeune duc de Bordeaux que cette lecture de *Don Quichotte?* Me considérant moi-même, assis dans ce cercle le plus noble et le plus intéressant de France, je me demandais chaque soir : Que fais-je ici? et que me veut Sancho?

Chaque jour, on assistait à la messe dans la chapelle du château. Le dimanche, c'était à l'église paroissiale de Kirchberg que Louis XIX, sa famille et toute la colonie allaient entendre la messe.

Mais consumer les jours à errer sous les sapins du triple parc, les soirées à entendre la lecture de *Don Quichotte!* une telle oisiveté n'était point le but de mon voyage à Kirchberg. Résolu de savoir à quoi m'en tenir sur la politique de Louis XIX, je lui demandai un entretien particulier; il me l'indiqua pour trois heures. C'était le 22 juillet. Dès qu'il me reçut, je lui demandai :

« Louis XIX se tient-il pour roi ou pour régent?

« — Lisez, marquis. »

Le Roi me tendit un papier : c'était la copie d'une lettre adressée par lui au chancelier, M. Pastoret, lorsque, après la mort de son père, il adopta la résolution bâtarde d'être et de ne pas être roi (1). Qu'était cette lettre? un chiffon, une feuille volante; elle ne contenait rien autre chose que la résolution que je viens d'énoncer plus haut. Nulle

(1) Le marquis de Clermont-Tonnerre, ancien ministre de la guerre, s'était trouvé à Goritz à la mort de Charles X. Il avait le premier connu la résistance du Dauphin à accepter la couronne, et il en avait apporté à Paris une relation, exacte suivant lui, inexacte suivant le prince. « Je suis très mécontent de lui, me dit-il, il a défiguré mes instructions et les a dénaturées; si jamais je le revois, je lui apprendrai à saisir et à rendre fidèlement mes paroles. » A mon retour, j'avertis M. de Clermont-Tonnerre des plaintes dont il était l'objet : je vis que son tort avait été de se permettre, ainsi que tout le royalisme français, une réflexion hors de la ligne politique adoptée par le Dauphin, et un essai malheureux, qui, s'il eût réussi, obligeait Louis XIX à accepter les charges de la royauté.

exposition de faits et de motifs, nulle trace de délibération; un simple acte de volonté privée, une simple communication d'homme à homme.

Pour Louis XIX, cette lettre était sacrée; aussi, détournant la question, il me lut ensuite quelques instructions éventuelles qu'il avait préparées pour son neveu, le duc de Bordeaux, dans l'hypothèse où Henry V monterait sur le trône de France.

L'oncle n'en doutait point; que de fois ne m'a-t-il pas dit :

« La destinée du duc de Bordeaux a été si singulière, la Providence a tant fait pour lui, qu'il me paraît impossible que la fin ne couronne pas le commencement. » Les plus importantes de ses recommandations étaient : la première, d'abandonner Paris pour fixer à Tours la résidence royale et le gouvernement; la seconde avait trait à la maison d'Orléans : le Dauphin énonçait le désir que l'apanage territorial de cette maison fût transformé en une rente de six millions.

Je me gardai bien de protester contre sa première observation : elle était juste. Quant à la seconde, je la désapprouvai fort. Je jugeai peu politique cette tendance répressive; un appel à la concorde eût révélé une plus grande habileté gouvernementale.

Mais comme à l'âge actuel du duc de Bordeaux les conseils de son oncle n'avaient qu'une portée lointaine, je m'arrêtai à considérer la situation personnelle de Louis XIX et à le déterminer à s'établir d'une façon fixe. Ce fut impossible; il revenait toujours, avec une sorte d'entêtement, à cette oscillation perpétuelle entre ces deux points inconciliables : être et n'être point. Il entendait être roi, parce qu'il était l'unique héritier de son père et roi Charles X; il entendait ne point être roi, puisqu'il y avait renoncé, il résumait toujours ainsi ses résolutions :

« *Un honnête homme n'a qu'une parole.* » Vieil adage impropre à la royauté. Un honnête homme tient sa parole pour ne point forfaire à l'honneur; mais il ne la tient point pour s'affranchir d'un fardeau sacré, d'un devoir patriotique; surtout quand ce fardeau et ce devoir sont imposés de Dieu. D'un principe inexact naissait donc cette amphibologie.

A Prague, quand j'avais prononcé devant lui le nom de Mme la duchesse de Berry, il s'était écrié : « Ne me parlez point de cette femme! » Or, à Kirchberg, comment conciliait-il cette aversion profonde avec ses principes et ses actes? La femme si fort réprouvée n'était-elle pas la mère de son Roi!

Je finis par lui contester son abdication. Et me basant sur les lois fondamentales de l'État, lois consacrées par l'histoire, j'insistai sur l'urgence de prendre au dehors et au dedans une situation nette, précise; je lui offris de rédiger un projet de manifeste ou déclaration aux Français; le Roi accepta. Le lendemain, dans la matinée, je le lui remis.

Le manifeste était précédé d'une lettre où se trouvaient exposés les motifs :

I. L'impossibilité d'abdiquer le titre royal, attendu que l'abdication est sans exemple en France, et que l'introduire, c'est donner jour à des crises qui amèneraient les scènes du Bas-Empire : les prétoriens, les mutations, les guerres.

II. L'onction de la royauté entraînant un *devoir* plus qu'un *droit;* de là obligation de remplir sa charge sans y pouvoir renoncer autrement qu'avec l'adhésion des sujets : idée qui prend les théoriciens révolutionnaires ou constitutionnels dans leur propre filet.

III. L'association prochaine, mais libre et spontanée chez le Roi, de M. le duc de Bordeaux; mesure fondée sur notre histoire, mesure en même temps conciliatrice aux yeux de la Vendée, de la jeune France constitutionnelle et des cours d'Europe, auxquelles le Roi a notifié ses premières résolutions.

MANIFESTE AU PEUPLE FRANÇAIS.

« Kirchberg. Déclaration du Roi.

« Nous, Louis XIX, par la grâce de Dieu, Roi de France et de Navarre, à tous mes sujets, salut.

« Sitôt qu'il a plu à la Providence de rappeler en son sein notre auguste père, nous avons obéi à la loi fondamentale la plus ancienne et la plus invariable de la monarchie française, qui appelle et assujettit à la royauté, par ordre de primogéniture, le prince le plus rapproché de la tige primordiale. Nous avons pris à l'instant le titre de la dignité suprême et exposé nos intentions dans une lettre adressée à notre chancelier.

« Aujourd'hui, et après plusieurs mois donnés en tribut à notre piété filiale, nous jugeons venu le moment de manifester, à tous nos sujets, notre pensée intime et sur le passé et sur l'avenir.

« Les événements de Rambouillet, au mois d'août 1830, ont retenti dans le monde entier. En cette crise extrême, où l'État se trouvait subitement précipité, notre auguste Roi et père crut devoir et pouvoir transporter le titre royal et en déléguer passagèrement l'exercice à un prince de notre maison.

« Arrêter l'effusion du sang français, donner le temps aux prestiges de s'évanouir et à l'ordre général de se raffermir, furent le vœu de son cœur. Fils respectueux, et alors seulement premier sujet de notre Roi, nous déférâmes par soumission à l'acte de sa volonté. Un tel acte, frappé en soi de nullité radicale, resta sans efficacité, il fut rejeté par le prince même auquel il était proposé, il fut repoussé explicitement par nous dès que la liberté nous fut rendue, en pays étranger. Nul, et dans son principe et dans son application, méconnu des deux parts, mort avant de naître, tel a été l'unique effet de son apparition illusoire. Cet acte, au lieu de rétablir l'ordre, a complété la perturbation.

« Ce trouble des esprits et cette confusion, qui tendent à se perpétuer jusque dans le droit public de la monarchie, nous imposent le devoir d'en arrêter la propagation en rappelant à nos sujets les principes irréfragables de notre jurisprudence, principes auxquels nul n'a le droit de déroger.

« L'abdication d'un Roi de France est en dehors de la jurisprudence française. Pour motiver le droit d'abdiquer la couronne, il faut chercher des exemples dans les annales étrangères. Pas un fait d'un tel genre n'a altéré la succession régulière des rois, depuis neuf cents ans que la France a reconnu dans la postérité masculine et agnatique de Hugues Capet le droit de régner sur elle et le devoir d'accomplir ses lois fondamentales. Ni saint Louis, captif en Égypte, ni Jean II, prisonnier en Angleterre, ni Charles VI, en ses accablantes extrémités, n'ont déplacé le titre royal imposé de Dieu sur leurs têtes humiliées. François Ier, en sa captivité de Madrid, en fit vainement l'essai; communiquée aux états généraux du royaume, son abdication fut reniée par eux, abrogée et anéantie. Les états généraux réclamèrent l'exécution d'un contrat respectif, et François Ier, rendu à la liberté, père de trois fils majeurs, fut tenu de régner pour le maintien de l'ordre et de la loi essentielle.

« Nous et nos contemporains nous savons combien une telle conduite est contraire aux intérêts généraux de la France; loin de nous la pensée de consentir librement à une transposition qui serait illégale, par cela seul qu'elle serait hors des lois de nos ancêtres; à jamais funeste, parce qu'elle ouvrirait la voie à des révolutions fréquentes de palais et d'État.

« La ligne inflexible où la France a trouvé son plus ferme appui serait rompue, et nul siècle, peut-être, ne s'écoulerait sans qu'elle vît tous ses intérêts d'ordre moral et matériel abandonnés dans une sanglante arène au choc des passions intestines, aux subversions les plus violentes. Qu'à Dieu ne plaise que du règne de Louis XIX date une plaie si profonde ajoutée à celles dont un demi-siècle accumule en ce moment les tortures et les souffrances aiguës sur notre patrie.

« Le titre royal n'est pas un droit d'honneur, c'est une mission donnée, c'est un poste assigné, et s'y tenir pour l'intérêt de tous est une obligation (1).

---

(1) Rapprocher la déclaration du comte de Chambord à ceux qui lui conseillaient d'abdiquer : *On abdique un droit, on n'abdique pas un devoir!*

« Mais autant est ferme en nous la résolution d'écarter les innovations coupables, autant nous sommes empressé à reconnaître, dans les annales de nos prédécesseurs, les antiques exemples qu'ils ont conservés pour affermir l'ordre général en affermissant la couronne. Jamais ils ne la cédèrent, mais longtemps ils jugèrent sage d'associer, à son pesant fardeau, le prince investi par le droit de devenir un jour l'héritier de la couronne. Ainsi pensèrent et agirent les six premiers rois de notre race.

« Nous aussi, qui vivons en un temps où la couronne est devenue, plus qu'au dixième siècle, un objet de rivalités, d'attaques et d'outrages; nous, à qui Dieu en a confié la garde pour le maintien de tous les droits sociaux; nous, dont l'existence s'est comme épuisée à travers tant de vicissitudes, nous pensons que le salut de la monarchie nous invite à appuyer l'expérience de l'âge par les forces de la jeunesse.

« Grâces soient rendues au Dieu de Clovis et de saint Louis, qui, depuis un long cours de siècles et au milieu des plus sombres tempêtes, a toujours ramené la monarchie française à des ports de salut! Si de nos jours il lui a plu de marquer du sceau des victimes bien des membres de notre famille humblement soumise à ses ineffables arrêts, elle semble avoir aussi empreint d'un sceau protecteur un précieux rejeton conservé du sein de tant de désastres, le jeune fils de notre malheureux frère.

« Il a crû, il s'est élevé, il s'est développé sous nos auspices; grâce encore au Ciel, nos soins ont été bénis. Le duc de Bordeaux y a répondu; et maintenant qu'arrivé à l'âge viril, orné des connaissances adaptées aux devoirs divers du rang suprême, il peut nous prêter un appui réel dans les conjonctures pénibles où flottent le trône et l'État, nous avons résolu, à l'imitation des Rois nos prédécesseurs, d'associer à la couronne celui que l'ordre de la nature y appelle après nous.

« C'est après avoir passé dans le deuil l'anniversaire du jour fatal où notre auguste et révéré père fut enlevé à nos affections, que nous nous proposons d'accomplir notre royale mission consolatrice pour nous, salutaire pour l'ordre et la paix générale.

« Alors aussi, nous réglerons par une ordonnance privée l'exercice de la puissance commune entre nous et notre neveu, soit pour la situation du présent, soit pour les contingences de l'avenir.

« Nous déclarons d'ailleurs et par avance nous réserver les droits privés et publics qui sont dévolus au chef de la famille royale.

« En révélant ainsi à la nation qui nous est confiée, nos volontés et leurs motifs bien plus fondés sur nos devoirs que sur nos droits, nous espérons que les esprits doués de prévoyance et les cœurs exempts de perversité sauront désormais unir leurs efforts dans une seule tendance. Ah! puissions-nous avec eux et par eux, non seulement indiquer, mais atteindre le but exclusif où la France, rendue aux conditions de la durée, saura, sous l'égide de la religion, des mœurs et de ses antiques lois, reprendre son rang dans la société européenne, jouir en sécurité des développements généraux que les progrès des siècles procurent à la race humaine; léguer enfin aux générations successives la possession certaine des droits réels qui maintiennent le bonheur des particuliers, de la famille et de l'empire !

« Telle est notre ambition exclusive; telle sera toujours celle du jeune Prince que nous voulons associer à nos vues réparatrices : vues de paix et d'ordre envers la France! Ensemble d'abord, seul ensuite, nous et lui tâcherons de mettre un terme à ces révolutions perpétuelles qui, depuis un demi-siècle, sont le fléau et l'opprobre de notre patrie, qui en consommeraient tôt ou tard la ruine absolue.

« L'heure du succès est entre les mains de Dieu; seul il en connaît les moments; mais ni les temps, ni les distances, ni les plus fatales catastrophes n'ont pu affaiblir et n'affaibliront, en ce sens, la résolution des membres de la famille royale, à qui nos lois imprescriptibles ont imposé la soumission de venir l'un après l'autre, par un ordre fixe et immuable, répondre à tous de leurs droits et donner à tous l'exemple des devoirs. »

Le Roi me laissa finir sans m'interrompre et me dit :

« Vous voyez comme je sais vous écouter ; je vous ai suivi de même avec une grande attention. Vous nous alléguez d'excellents motifs, mais je ne veux rien faire. »

Un sourire vint sur mes lèvres à cette

dernière résolution par trop naïve. Je répliquai sérieusement :

« Il y aura donc anarchie raisonnée et insubordination constante?

« — Par la suite, je verrai ce qu'il faudra faire. »

Et s'animant alors d'une émotion inusitée et soudaine, il me dit ces propres paroles :

« Vous avez une bonne tête, un bon cœur; vous êtes un homme excellent. Quelques-unes de mes idées seulement diffèrent des vôtres. »

A Kirchberg comme à Prague, Louis XIX était fermement décidé à laisser aller les événements au gré de la fortune, et ne voulant ni se mouvoir ni prévoir, force était, non de changer mes plans, mais de les abandonner.

L'entretien se termina par des effusions sympathiques, mais sans la moindre discussion.

La Reine m'accorda aussi une audience

particulière dans son appartement. Elle me raconta les derniers moments de Charles X avec une sensibilité exquise; sa grande âme était plus portée à ces épanchements que son intelligence aux combinaisons des intérêts royaux et patriotiques. Cette intelligence opérait plus par instinct que par réflexion; sur divers points, l'étendue y manquait; un examen approfondi d'opinions contradictoires obtenait de sa part peu de paroles : elle prenait tout bas sa résolution et s'y fixait avec opiniâtreté. Son avis fut contraire à la déclaration que j'avais proposée; le Roi avait sans doute reçu d'elle une inspiration négative et, confirmé ainsi dans sa disposition personnelle, il avait écarté de notre conférence l'examen qui aurait dû en déterminer l'issue. Elle me remercia, me félicita; et moi, jugeant la bataille perdue, je portai aussitôt l'entretien vers un autre objet : le mariage de M. le duc de Bordeaux avec une princesse russe.

L'idée de fortifier le parti royaliste par une alliance politique et matrimoniale avec la Russie n'était point nouvelle; quelques personnes l'avaient déjà conçue.

Ignorant absolument les sentiments de la Reine à cet égard, et désireux de les connaître, je m'emparai vite de cette idée et j'en fis la base de notre entretien.

La direction de cette union matrimoniale appartenait à Marie-Thérèse, et comme Reine et comme mère adoptive du duc de Bordeaux. Je lui en exposai les convenances, elle y opposa la diversité de religion; je répliquai qu'au prix de ce mariage, la princesse russe embrasserait la doctrine catholique. Elle répondit :

« — Si cette conversion se faisait, il y aurait une révolution en Russie, tant y domine la puissance des popes; malgré leur soumission extérieure, ils sont redoutés, même de l'Empereur.

« — La Reine n'ignore pas que l'ignorance

des popes s'attachant, en général, beaucoup plus aux rites apparents qu'à la doctrine réelle, il n'y aurait, pour les satisfaire, qu'à tolérer quelque temps autour de la princesse les rites des Grecs-unis.

« — Oh ! reprit-elle, mais les Grecs-unis sont plus odieux aux popes russes que ne le sont les catholiques ! »

J'observai dans la voix de la Reine certaine accélération ; sa parole, toujours prompte, était précipitée, on y pouvait ressentir l'accent d'une aversion profonde. Qu'est-ce qui la faisait naître ? Était-ce sa répulsion pour les doctrines catholiques orthodoxes ? Non. Cette divergence de sentiments religieux n'était qu'un prétexte de son opposition à l'alliance russe. La véritable excuse était celle-ci :

Avant la mort de Charles X, quand le jeune empereur d'Autriche vint en Bohême prendre possession de Prague et de son palais, le Roi et sa famille durent céder leur appartement et se retirer momentanément du Hradschin. Pendant ce déplacement, le roi Charles X allait habiter la campagne, aux environs de Prague, dans un château nommé, je crois, Buchstirad. Du vivant de l'empereur François II, Charles X y avait déjà reçu sa visite; après sa mort, à l'avènement de son successeur, le jeune Ferdinand, le nouvel empereur d'Autriche, n'omit point de visiter notre auguste exilé et d'honorer en la personne du roi Charles la royauté vaincue et la noble infortune. Dans le même temps, l'empereur de Russie Nicolas traversa Prague en revenant de Vienne, où il s'était rendu pour féliciter l'empereur Ferdinand. Or, à Prague, le czar Nicolas s'abstint d'une excursion à Buchstirad, malgré les vives instances du prince de Metternich; cette infraction à l'urbanité décèle, ou une impolitesse voulue, ou un manque d'éducation. Il y eut impolitesse d'abord, et affront ensuite. Voici ce qui m'a été dit par le vieil et loyal comte O'Gherty :

« Envoyé par Charles X pour complimenter l'empereur Nicolas, après les paroles officielles en usage en pareil cas, le Czar m'a répondu brusquement :

« — Comment se porte Henry V? car je
« ne connais que Henry V. »

Le comte O'Gherty avait dignement répliqué :

« — Monsieur le duc de Bordeaux jouit d'une santé parfaite et nous donne de grandes espérances. »

Le czar Nicolas ne s'en tint pas à cette incartade, il rendit l'insulte plus directe. En réponse à la mission du comte O'Gherty, il en donna une semblable à M. de Tatischeff, son ambassadeur en Autriche. M. de Tatischeff fut chargé par le Czar d'aller en habits officiels, en grands insignes, complimenter le jeune prince à Buchstirad même. Averti de cette manifestation hostile, l'infortunée cour de Buchstirad prit une contre-résolution digne de ses plus beaux jours. L'ambassadeur russe fut officiellement informé qu'il ne serait point reçu; il vint pourtant, mais en simple visiteur, en frac, sans aucune décoration, en homme de bonne compagnie.

Quel avait pu être le grief de Nicolas en cette circonstance? S'il avait sur le cœur la faiblesse qu'avaient montrée nos princes à Paris, dans la catastrophe de 1830, il n'était pas séant de le montrer par un acte de mépris. Personne n'accepte le mépris. Si son désir fut d'exprimer son ressentiment envers le titulaire légitime du trône de France, encore devait-il révérer en Charles X la possession antérieure et réelle du même trône, le sceau indélébile de la royauté, la triple dignité du titre de chef des Bourbons, du malheur et de l'âge.

L'impératrice de Russie avait exprimé des sentiments plus affectueux.

« Elle m'a témoigné », me dit la Reine, un jour, « de l'intérêt pour moi et le regret de ne point me connaître. Que ne venait-elle à Buchstirad? je l'aurais bien reçue, et si elle en était empêchée par la brièveté de son séjour, que ne m'a-t-elle fait connaître le désir de me voir à Prague? j'y serais allée, certainement, avec une grande joie! »

Mais l'aménité impuissante de l'Impératrice n'avait point effacé la grossièreté de l'Empereur, car, il faut bien l'avouer, sa grossièreté ne pouvait guère revêtir des formes plus acerbes; jointe à une extrême puissance, elle s'aggrava envers l'extrême infortune d'une extrême bassesse. Son dédain fut le résultat d'un acte réfléchi, qui affirmait en termes peu polis son adhésion explicite et manifeste au découronnement de l'héritier de Charles X.

La blessure avait dû être profonde; elle rendait impossible l'union du duc de Bordeaux avec la fille de cet insulteur. Je ne m'y serais point hasardé si les faits antérieurs m'avaient été connus. O'Gherty et Montbel m'en instruisirent trop tard; ni l'un ni l'autre d'ailleurs n'en croyaient l'impression si saignante.

Cette aversion de la Reine envers la maison de Holstein était partagée par Louis XIX. Désirant en connaître le degré, je tentai quelques mots relatifs à ce mariage; le Roi y opposa, comme la Reine, la question religieuse, me disant :

« — Jamais, jamais cette diversité de religion ne s'est vue dans ma famille. »

« — Sire, les intérêts de la patrie, du trône, exigent cette alliance. Examinons la situation de l'Europe : hors du système d'alliance de la France, paraissent être aujourd'hui, sans contradiction, l'Angleterre et la Prusse. La nullité de l'alliance anglaise n'est que trop reconnue; elle a marqué d'un sinistre sceau le terme de la carrière diplomatique de M. de Talleyrand. La Prusse nous est hostile par ses possessions sur le Rhin, par son système des douanes allemandes, par son aspiration à devenir fille aînée du protestantisme européen.

« — C'est bien vrai, dit le Roi, la Prusse n'oublie pas Iéna. »

Je continuai : « L'Autriche nous boude, cependant ses intérêts appellent cette puissance à adopter notre politique. En mettant un terme aux rivalités qui nous divisent en Flandre, en Italie (le tombeau de nos soldats), si la France se bornait à maintenir l'indépendance du Saint-Siège, à entretenir une amitié naturelle avec Naples, l'alliance franco-autrichienne serait scellée. »

Le Roi m'interrompit : « Bah ! les alliances servent peu.

« — J'arrive à la Russie; nous savons qu'elle est aussi prépondérante que l'Angleterre, dont l'alliance est sans efficacité pour nous; de sorte qu'en présence de l'hostilité de la Prusse, de l'abaissement de la Suède et de l'extinction de la Pologne, nous n'avons d'autre alliance que celle de la Russie ; c'est donc avec cette puissance qu'il faut traiter union. Le mariage de M. le duc de Bordeaux avec une grande-duchesse favoriserait ce projet et entraînerait cette alliance. En accordant à la Russie une extension vers l'Asie Mineure et la Perse, tant pour l'éloigner de l'Europe que pour abaisser l'Angleterre, nous arriverions à amener le souverain russe à une politique qui aurait pour but la restauration de la monarchie légitime, non par la force des armes, mais par une extension territoriale de la France. »

Et comme j'essayais encore de faire ressortir de ce mariage tous les bénéfices politiques, il m'arrêta net par ces mots :

« — Ah! Satan, Satan! quel Satan vous faites, marquis! »

Je communiquai encore ce projet à M. de Montbel; son jugement fut fort simple.

« Il est bien évident, me dit-il, que pour remuer une masse, il faut un levier, et qu'il n'y a dans notre position un levier qu'en Russie. »

L'évêque d'Hermopolis, avec qui j'en conférai, ne trouvait, sous le côté religieux, aucun inconvénient à l'alliance grecque, et, sous le rapport politique, il exprimait le même jugement.

Ces opinions, au surplus, soit négatives, soit approbatives, étaient sans valeur bien réelle, sans la sanction du duc de Blacas. Je ne sais quel motif nous empêcha d'en causer à fond; si je consulte mes seuls souvenirs, je vois qu'il y eut un tort de mon côté : c'était la pensée de l'insuffisance du ministre; un autre tort en lui : c'était un germe de jalousie.

D'ailleurs, M. le duc de Bordeaux n'avait pas atteint sa dix-septième année. Un mariage précoce eût tronqué son éducation; ma proposition n'avait pour but que d'arrêter une direction à suivre. Le jeune prince se développait en instruction, en stature, en qualités diverses.

Chaque samedi, il subissait un examen en présence de tous ses précepteurs : Mgr Frayssinous, l'abbé Trébuquet, Bouillé, Mounier et Couchy. J'assistai à l'un de ces examens avec un intérêt extrême. Ma place était auprès de l'évêque, une table intermédiaire s'élevait entre l'assemblée et le Prince; seul ainsi et soumis à des regards moins flatteurs que sévères, il montrait de la modestie sans embarras. Une note écrite me rappelle l'examen dont je fus témoin, le 22 juillet. La poésie en fit l'ouverture. Henry exposa d'abord la vie, les malheurs et la fin de Jean-Baptiste Rousseau; sa narration improvisée fut facile et nette, il la scella par la magnifique ode de Lefranc de Pompignan sur la mort du grand lyrique, et je frémis de plaisir en écoutant, dans la bouche du duc de Bordeaux, ces

vers célèbres sur le mérite en proie à l'envie :
« *Le Nil a vu sur ses rivages...* » A l'ode
succéda une élégie merveilleuse : *L'Ange
et l'Enfant*, de Reboul. Ce poète-boulanger
de Nîmes, mon compatriote languedocien,
m'était inconnu; c'est par le duc de Bordeaux que son nom et son chef-d'œuvre me
furent révélés, à Kirchberg, si loin de ma
patrie!

Nous passâmes aux études latines. Tacite comparut : Quels moyens prit Auguste
pour consolider son héritage? Ils sont
exposés par Tacite en un morceau long et
difficile; l'élève en lut la traduction, nul
contresens, et le style en était clair et concis.

Traduire en français n'était que marcher
à l'aide d'un appui; on avait demandé à son
imagination un essor indépendant, grand
et grave sujet : c'était une allocution de
Charles-Quint sur son lit de mort à son fils,
le sombre et profond politique Philippe II.

Le jeune Prince s'en acquitta à merveille.

On avait réservé pour la fin les études plus précisément appropriées à la situation personnelle du duc de Bordeaux. La campagne prodigieuse où Napoléon fit marcher simultanément de Hambourg, de Boulogne, du Midi, pour les concentrer à jour fixe autour d'Ulm, et y saisir d'un coup de filet toute l'armée autrichienne, fut l'objet spécial de cet examen; le Prince en avait dessiné le plan, chaque corps d'armée, français et autrichien, y était figuré par une couleur et par le nom de son chef, les divers itinéraires de tous ces corps d'armée s'y montraient sans se confondre; rien de plus net à l'œil que ce dessin.

Le jeune Prince le remit entre mes mains et il en exposa de vive voix tous les développements; il raconta le commencement, le progrès, la fin de ces opérations immenses, l'habileté des vainqueurs et les fautes des vaincus; clarté dans l'ensemble, abondance dans les détails, un langage ferme et coulant : tels furent les caractères heureux de sa narration.

Contemporain de ces faits gigantesques, mais instruit seulement de leurs détails par les fameux bulletins où Napoléon se jouait aussi facilement de la vérité que de l'Autriche, j'ignorais, de la capitulation d'Ulm, un fait que le vainqueur s'était plu à laisser dans le vague ; Napoléon avait annoncé la prise entière de l'armée autrichienne : « toute, elle avait », disait-il, « passé sous le joug sans en excepter un escadron ». Le bulletin en était plus magnifique ; on y apercevait, pourtant, dans un coin obscur, l'archiduc Ferdinand qui s'échappait de ses mains avec quelques cavaliers. Comment avait-il opéré sa retraite ? quelle était la valeur de cet épisode ?

Je proposai ces questions au jeune Prince, et aussitôt il traça la retraite de l'archiduc autrichien à la tête de la cavalerie vers les passages de la Bohême, avec autant de clarté que s'il eût été lui-même attaché à l'état-major du prince vaincu.

On le voit, les facultés du jeune Henry étaient cultivées, scrutées, fouillées sur des points fort divers, et çà et là l'espoir de la moisson répondait aux soins de la culture.

A Prague, j'ai rencontré le colonel autrichien dont les hussards avaient aperçu les premiers l'avant-garde française.

« Comment avez-vous pu vous laisser surprendre ainsi? lui demandai-je.

« — *Par obstination et suffisance*, me répondit-il. *A l'approche de l'ennemi j'ai envoyé message sur message au général en chef Mack : mes soldats ont vu, mes yeux ont vu l'ennemi. Impossible! me répondit-on, les Français ne peuvent pas arriver par le nord du Danube. Tous les yeux ont vu des fantômes!* » Je dois ajouter, à la louange de l'infortuné colonel, qu'il fut renversé dans un fossé et capturé le sabre au poing. Peu après, l'armée autrichienne déposait ses armes inoffensives aux pieds du moderne César.

Non moins d'agréments ni moins de solidité caractérisaient l'éducation de sa charmante sœur. Aux Tuileries, elle aurait pu être plus diversifiée en objets, plus perfectionnée en quelques arts; c'étaient les inconvénients de l'exil. Montbel était chargé de l'enseignement positif en histoire, littérature, politique, géométrie; beaucoup d'esprit naturel et une grande promptitude en conception facilitaient les leçons de ses précepteurs. Mademoiselle avait en outre le don des langues : elle parlait l'anglais, l'italien, l'allemand comme le français; en littérature, elle possédait à fond les poètes de sa patrie et les poètes étrangers : Racine, Boileau, Corneille, Shakespeare et Schiller.

L'épreuve de l'examen hebdomadaire lui était imposée comme au duc de Bordeaux, mais elle avait le privilège du huis clos; l'évêque et Montbel y étaient seuls admis. Une exception fut faite en ma faveur; à mon entrée dans la salle d'examen, Mme de Nicolay me dit de sa voix sèche :

« Ah! surtout, pas de compliments! »

Mademoiselle nous lut deux sujets d'analyse; l'un se rapportait à l'histoire ancienne, l'autre au règne de Louis XIII; elle nous récita des vers et démontra plusieurs théorèmes géométriques. A la fin de l'examen, je m'approchai de la jeune princesse et lui dis :

« On m'a interdit l'éloge, comment concilier cette défense avec la justice? »

Le sourire aux lèvres, heureuse d'avoir fini, elle me répondit :

« — Oh! non, non, non! je n'aime que les compliments de Mme de Nicolay, parce qu'ils sont fort difficiles à obtenir. »

Un sourire imperceptible de sa rébarbative gouvernante fut effectivement le seul prix de ses efforts pour obtenir plus et mieux.

L'intimité des relations m'avait acquis la

familiarité du jeune Prince. Chaque jour il allait se promener alternativement à pied ou à cheval; avare de son temps, j'évitais de m'associer à ses excursions.

Vers la fin de mon séjour, il me pressa de l'accompagner, dans une visite qu'il fit à une des annexes de Kirchberg, nommée, je crois, Hailbach. Le jeune Prince, le bon Bouillé et moi composions tout le cortège; il me fit placer à sa droite dans la calèche, et nous cheminâmes deux heures par monts et par vaux, sur un terrain accidenté par des forêts de cyprès et des ruisseaux taris.

« Goritz est-il mieux? lui demandai-je.

« — Goritz, me répondit-il, je le déteste; j'ai pour cela quatre bonnes raisons : tout l'hiver il y pleut, mon logement y est triste, ma santé s'y altère, et j'y ai vu mourir le Roi. »

Le duc de Bordeaux et sa sœur étaient en âge de minorité. La fortune pécuniaire qu'ils tenaient en France de leur père assassiné, fortune à l'abri des confiscations, était régie par un conseil de tutelle; intérêts et capitaux s'accumulaient en leur faveur. Le comte O'Gherty me dit qu'il évaluait la fortune patrimoniale du prince et de la princesse à un capital de quinze millions, et le revenu annuel à sept cent mille francs; en leur exil, nuls frais personnels n'en atténuaient l'agglomération progressive, la générosité de Louis XIX pourvoyait à leurs besoins. Ce prince, à la mort de Charles X, avait hérité de six millions. Un soir que nous causions finances, il me dit :

« Il me reste un revenu de cent mille écus, je les répartis de la manière suivante : cent mille francs à des pensionnés, cent mille autres entre Bordeaux, qui en reçoit soixante, et sa sœur, qui se trouve bien avec quarante, et les cent mille autres francs suffisent à nos dépenses personnelles. Des puissances étrangères nous ont offert des charges rétribuées : notre patriotisme nous a fait un devoir de les décliner. »

Le tarif des dépenses communes et royales avait subi, à la mort de Charles X, des réductions considérables. Une dépense qui me paraissait bien superflue, était la prolongation d'un bail avec M. de Blacas pour l'occupation de Kirchberg, acquis, en effet, des propres deniers du duc.

Kirchberg obligeait la famille royale à une longue et dispendieuse transmigration entre ce séjour et Goritz, j'en fis la remarque au Roi :

« Pourquoi garder Kirchberg, qui vous dérobe à tous les regards ? »

Sa réponse fut que l'établissement était fait, l'engagement pris, l'habitude contractée ; or, cette habitude jetait, chaque année, sur les routes de Kirchberg à Goritz, environ vingt mille francs pour les budgets autrichiens.

L'argent est le nerf de toute guerre ; sans

lui il faut subir la paix. Ces sommes qui se perdaient annuellement, aussi minces qu'elles fussent, n'avaient-elles pas une destination imposée, un but marqué : la propagande de la cause légitime ?

Ainsi, dans ce milieu paisible, caché, où si peu d'hommes portaient leurs regards, mais où la Providence contemplait le spectacle dont elle est avide : *le juste aux prises avec l'adversité,* je passai, doucement, trois semaines d'un exil volontaire au sein de la famille royale.

La soirée du 7 août vit de tristes adieux. En nous séparant, la Reine me remit un roman politique de M. d'Arlincourt intitulé : *L'Herbagère,* dont le sujet roule sur les troubles de Paris au temps des Bourguignons. « Je voudrais qu'il vous désennuyât de votre longue route », me dit-elle ; et sa main écrivit sur la première page, comme doux souvenir : la date du jour et du lieu.

Rentré à mon logis, j'appris du pharmacien, mon hôte, la défense à lui faite, par le duc de Blacas, de recevoir aucun prix du loyer. « C'était, me dit-il, le Roi qui me logeait. »

Je refis la course du château, je réitérai mon adieu au Roi, au comte de Bouillé, au colonel Mounier et à mon compatriote Montbel. Et comme j'allais franchir à jamais la grille du parc, la Reine, l'orpheline du Temple, apparut au balcon; un salut silencieux, un signe de main, de mon côté comme du sien, exprimèrent les regrets du départ et l'assurance du souvenir. Je partis.

Pour la quatrième fois, je revis la capitale de l'Autriche. Louis-Philippe y était représenté par son ambassadeur le marquis de Saint-Aulaire. Je le visitai en quittant le comte de l'Alcuda, qui résidait aussi à Vienne. La réception de Saint-Aulaire fut des plus gracieuses. Il me proposa de dîner en famille.

« Y pensez-vous! Dîner ensemble, vous, ambassadeur du *Roi des Français*, moi, venant de révérer ses rivaux à Kirchberg ! Cela ne convient ni à vous ni à moi ; l'un ou l'autre paraîtrait suspect.

« — Vous avez raison », reprit-il avec un tact prompt et doux ; et après une conversation variée, je lui rappelai qu'il avait visité la Hollande, je lui exprimai le désir de connaître la contrée, et lui indiquai la Haye pour terme de mon voyage. Je ne sais ce qu'il écrivit au Roi, mais la vérité est qu'il fit pour moi des prodiges d'obligeance. Je reçus un passeport visé, plus complet et mieux conditionné que M. de Blacas eût pu me le donner lui-même. Honneur, en cette circonstance, à la gentilhommerie ! Les Saint-Aulaire ne pouvaient en dépouiller les formes, et en eux de bonnes manières refoulaient de mauvaises opinions.

J'arrivai à la Haye le jour de la fête du roi Guillaume, juste au moment où les féeriques illuminations de la ville attestaient jusqu'aux cieux l'affection de la Hollande pour son Roi! affection *éternelle* qui s'est traduite deux ans plus tard en une dure expulsion!

Mon excellent ami, le comte de Senfft, dont j'ai déjà parlé, occupait depuis peu la légation d'Autriche à la Haye. Le lendemain de mon arrivée, il me présenta au ministre des affaires étrangères : c'était le baron Werstolk de ***. Impossible de me rappeler le deuxième de ses noms.

« On s'imagine, en France, me dit-il, que nous ne rêvons ici que tulipes et renoncules. Un voyageur de votre pays est venu me voir, il a fait un livre sur nous; et toujours des tulipes! toujours des tulipes! »

A cette exclamation, un fou rire s'épanouit sur mon front et dérida le sien. Sa gravité et celle de mon ami l'Autrichien se détendirent. La conversation devint générale sans cesser d'être sérieuse. M. de Werstolk parlait ma langue comme moi; il me parut être doué des dons nécessaires à son rude emploi : et à mes yeux, cette aptitude était un privilège. Agir en ministre des affaires étrangères sous Louis XIV ou sous Napoléon, c'était une tâche vulgaire; un géant n'a pas besoin d'appui; et, s'il en demande, il a sous la main l'*ultima ratio*. Mais dans ce petit royaume de Hollande qui venait d'être déchiré en deux parts prêtes à réagir avec fureur l'une contre l'autre, comment remanier ces organes et ces membres coupés? Comment reformer sur un moindre moule un corps tout neuf, lui rendre le mouvement en y imprimant l'agilité et la force?

Comment faire de la Hollande une puissance paisible au dedans, respectée au dehors? Des talents médiocres ne suffisaient point à une tâche pareille; il était glorieux au roi Guillaume d'y réussir, au baron de Werstolk de l'y seconder par d'habiles négociations.

Le ministre mit de l'empressement à m'annoncer mon admission auprès du Roi et de l'obligeance à obtenir une réception en simple frac de voyageur.

L'admission n'était point difficile. Aucun roi n'était plus accessible que Guillaume. A jours fixés dans chaque semaine, il arrivait de sa maison de campagne à son palais de ville. Tour à tour, l'avocat comme le seigneur, le matelot en blouse comme l'homme des plus humbles états, s'approchaient de sa personne, exposaient leurs griefs, recevaient une prompte solution. Très versé dans toute espèce d'affaires, il n'était pris en défaut sur aucun détail. Sa patience demeurait infatigable. Un avocat redondant exposait au Roi une cause que Guillaume écoutait sans mot dire : et tout à coup, s'interrompant lui-même, effrayé de sa propre indiscrétion, l'avocat s'arrête et s'écrie : « Mais, Sire, j'abuse! mais, Sire, il est plus de dix heures; c'est l'heure de votre dîner!

« — Continuez, monsieur, répondit le Roi, je suis ici pour vous entendre. » Et le dîner ne vint qu'après l'audience surabondamment remplie.

Si affable, si accessible, le roi Guillaume était Roi pourtant; et sa cour exigeait d'autant plus d'égards qu'elle était plus petite; et l'éclat de la forme était d'autant plus nécessaire qu'il fallait couvrir mieux d'un voile éblouissant l'exiguïté de la puissance. Je l'avoue, j'éprouvais bien moins de retenue, moins de vénération imposante que je n'en avais ressenti aux Tuileries auprès du Roi de France; et j'avais tort : l'excessive vénération était due à la Haye envers le titre ineffaçable de Roi, envers le mérite personnel; envers l'âge sillonné par tant de vicissitudes. Il eût donc été juste de m'assujettir aux mêmes exigences; il fut poli et débonnaire de m'en dispenser. Un simple frac, tel fut le costume gracieusement toléré.

A l'heure indiquée, j'arrivai au palais royal. C'était un hôtel à peu près semblable à l'une des plus belles habitations du faubourg Saint-Germain. Autant qu'il m'en souvient, l'hôtel où logeaient l'héritier du trône et sa femme, qui pourtant avait pour frère l'Empereur de l'immense Russie, était dépourvu d'une cour; il s'annonçait aux passants par un perron de trois humbles marches. L'intérieur du palais s'harmonisait avec l'extérieur. En un premier salon, je trouvai ceux qui attendaient leur tour d'entretien avec le monarque. Il y avait de beaux habits, mais j'aperçus aussi la grossière blouse. Bientôt un chambellan se présenta et m'introduisit dans le salon d'honneur.

Deux amiraux richement décorés, deux conseillers d'État avec leurs insignes, m'avaient précédé. Le Roi se tenait debout. Il répondit à mon salut par une inclination profonde. Sa taille était moyenne; son front découvert; ses cheveux rares et blanchis; ses yeux pétillants d'esprit et de finesse. Il portait un chapeau à la main; un habit bleu et militaire; une seule décoration. L'ensemble de son maintien rappelait à ma mémoire quelques attitudes du vieux Frédéric, son grand-oncle, le formidable et vrai fondateur de la monarchie prussienne.

Mon premier mot rappela au roi de Hollande un lien de parenté, bien lointain sans doute, bien usé par le cours des siècles.

« Ah! oui, répondit le prince, par la maison de Châlons. — Et par les Plantagenets, Sire. » Et la porte ainsi ouverte doucement, j'entrai en matière positive en prenant pour texte la communauté des intérêts entre les rois de l'ancienne Europe et le Roi que reconnaissaient les légitimistes de France.

Je généralisai la question :

« Tous les vieux ressorts de la diplomatie doivent être remis à neuf; tous les préjugés de peuple à peuple, au moins suspendus; tous les intérêts et tous les efforts, dirigés vers un seul but : l'ordre. Il n'y a plus en Europe que deux nations : l'une possède, l'autre veut prendre; celle qui veut prendre étend ses convoitises du point le plus infime au point le plus élevé...

« — Ah! vous dites, interrompit le monarque, qu'il n'y a plus que deux nations en Europe? Oui, c'est cela : je suis de votre avis. »

Si son exclamation fut sincère, il faut convenir que sa foi politique s'était bien épurée depuis 1830. Avant cette crise à tous deux fatale, le *Roi des Pays-Bas,* — tel fut son titre passager, — accueillait tous les adversaires du Roi de France; il les avait même choyés; il avait même entrevu, dit-on, la chance de s'élever sur le trône de

France en y élevant avec lui le protestantisme. La maison de Nassau eût alors deux fois triomphé de l'Espagne et de Philippe II. Ainsi qu'en Hollande, elle aurait établi en France Calvin sur le pavois; et sous ses auspices, la religion de Coligny et de Bèze eût enfin obtenu, aidée par la sape de Voltaire et par la hache de Robespierre, après trois siècles de luttes sanglantes, un triomphe absolu sur les fils et sur la foi de Charles IX et de Louis XIV. Ces conceptions n'étaient point absolument illusoires. Avant Guizot et Barante, Mirabeau avait dit : *Pour révolutionner la France, il faut la décatholiciser;* que du cerveau des conspirateurs libéraux qui minaient la Restauration ce dessein et ce mot barbare eussent trouvé accès dans l'ambition de Guillaume, je n'oserais pas plus le nier que l'affirmer. Ses procédés en Belgique avaient été ceux d'un zélateur patent, d'un antagoniste clandestin. Mais le revers avait été prompt, la leçon dure; le bandeau tombé, Guillaume avait pu voir la profondeur de l'abîme.

Dans le cours de la conversation, je n'omis point de placer toujours à l'avant-scène le prince de Kirchberg. Il écouta mes récits avec attention.

« Il y a de l'étoffe pour l'avenir, ajoutai-je.

« — De l'étoffe! ah! tant mieux, reprit-il; sa position l'oblige à payer de sa personne; et des moyens personnels sont pour lui une condition nécessaire de succès. »

L'entretien fini, je fis un salut profond qui fut honoré d'un salut exactement semblable; je réitérai, le Roi réitéra. Près de la porte, j'y accomplis l'hommage du salut dernier et je sortis.

La maison d'Orange fut hostile à notre première révolution, et elle en fut la victime. Chassé de Hollande, Guillaume avait bravement servi dans les bataillons autrichiens. Sa valeur s'y était signalée; sa modestie n'y avait point brigué de grade éminent. Après la tempête, il avait semblé que la fortune, en 1814, eût pris plaisir à réparer ses rigueurs. A la Hollande, elle avait associé la Belgique; du stathoudérat, Guillaume s'était promu à la royauté. Mais l'instinct du protestantisme avait troublé la prudence du Roi, avait même fourvoyé sa justice. Pressé d'identifier en une seule nation les deux petits peuples dont il devenait le chef, il se proposa tout d'abord d'obtenir l'unité en les pliant tous deux et à une seule religion et à un seul idiome. Mais la religion, c'était le calvinisme hollandais; l'idiome, c'était le dialecte qu'on parle en Hollande et qui n'a pas encore obtenu l'honneur d'être réputé langue. En ce dessein, la Hollande se faisait conquérante de la Belgique. Il n'y avait point union : il y avait absorption.

Son tort fut d'avoir voulu obtenir une moisson instantanée. Il fit violence au catholicisme en dénaturant ses séminaires; violence à la langue française en ne reconnaissant pour langue légale que l'idiome hollandais. De ces deux ressorts, il tendit le premier jusqu'à la persécution, le second jusqu'au ridicule; et, par exemple, il fallait que des avocats plaidassent en hollandais devant les tribunaux à qui le français était seul connu et familier. La révolution de Juillet fit justice de ces oppressives extravagances. Elle désunit deux corps qui ne pouvaient s'unir, elle rendit à la Hollande son chef spécial, à la Belgique son affinité pour la France : et si la France avait su se soustraire au délire des révolutions, maintenant France et Belgique ne formeraient qu'un seul État. Dans la France monarchique, Guillaume devait voir un point d'appui contre la jalousie britannique; dans la révolution de Juillet, un point d'attaque contre tous les trônes.

Sur un point du palais des stathouders

s'élève une chapelle. Là, Luther et Calvin avaient pu, dès les premiers jours, associer à leurs rites nouveaux les princes de Nassau. Une révolution hostile à tous les cultes triomphe en France; les Nassau sont renversés; les Bonaparte s'élèvent : et l'un d'eux, Louis, est institué roi de Hollande; et l'un de ses premiers actes est de manifester par le fait que, né catholique, il entend que la chapelle de son palais soit dévolue au culte catholique. Louis Bonaparte tombe à son tour. Mais son administration avait été douce; l'impulsion uniforme qu'il avait donnée aux cultes divers lui survit; et les protestants vainqueurs qu'avait si bien ménagés un chef catholique, s'accoutument aussi à ménager les catholiques sous un chef protestant. Roi des Pays-Bas, Guillaume n'avait pas troublé les catholiques hollandais. Détrôné de la Belgique, il attiédit encore son prosélytisme; il reprit sa chapelle de la Haye; mais il toléra partout l'exercice du catholicisme : liberté aux prêtres, aux fidèles de se réunir en de vastes salles auxquelles ne manquait que la forme extérieure de l'église; et alors même que je visitai la Hollande, on était sur le point de commencer les fondements d'une basilique; et, circonstance en vérité remarquable! on allait la bâtir juste au beau milieu d'un vaste quartier qu'habitent et que salissent *trente mille Juifs!*

Je quittai bientôt la Hollande. L'envoyé de France, un Périer, je crois, visa mon passeport. Force était de traverser les deux lignes armées des Hollandais et des Belges. Le passeport fut donc envoyé au prince d'Orange, qui l'apostilla aussi. En tête, en idiome hollandais, était cette formule menaçante : *Armée en campagne;* et le même idiome métamorphosait mon titre français en margrave allemand, mot plus sonore, plus politique et surtout plus poli que celui de *sieur* dont se servaient fort grossièrement les ministres bourgeois des rois de France : Louis XVIII et Charles X.

Hélas! deux ans plus tard, le roi Guillaume, le prince d'Orange, le père, le fils, devaient échanger leur situation : l'un, entrer dans la vie privée; l'autre, monter sur le trône de son père encore vivant! Ce roi Guillaume, en apparence chéri, devait être un objet d'animadversion à peu près générale; comme prix de ses travaux incessants, il allait être rejeté de sa patrie; au lieu de popularité, le rebut; au lieu d'estime, le blâme : et quel allait être, sinon le motif, au moins l'occasion de sa chute? Sa résolution d'épouser une catholique... Lui? l'ancien persécuteur des catholiques belges! O Providence!

Comme un roi déchu ne compte point ses amis par milliers, je crus qu'il était de mon devoir d'exprimer au prince mes souvenirs. J'adressai donc ma lettre au comte de Senfft avec prière de la faire parvenir au monarque déchu. Elle lui parvint juste au moment où l'on délibérait en Hollande, non par quels honneurs on adoucirait au Roi sa triste chute, mais s'il lui serait permis de demeurer *sur le sol de sa patrie!* Voici en quels termes le comte de Senfft me répondit :

« La Haye, 19 mars 1841.

« Mon cher et digne ami, j'ai attendu
« pour vous rendre compte de la lettre que
« vous m'aviez confiée pour le roi Guil-
« laume-Frédéric, que la question du retour
« de Sa Majesté en Hollande fût décidée.
« Une l'est depuis quelques jours : négati-
« vement, et je me suis empressé de faire
« parvenir la missive, sous enveloppe, à
« Berlin, par un employé du Trésor, qui
« entretient une correspondance réglée avec
« la maison de Sa Majesté.

« La position où ce prince s'est mis vis-
« à-vis du pays qu'il a gouverné pendant

« vingt-cinq ans, donne lieu à de bien tristes
« réflexions. Avec une capacité peu com-
« mune, avec des vues bienfaisantes qui
« ont atteint leur but pour plusieurs branches
« importantes du commerce et de l'indus-
« trie, il a malheureusement manqué de
« l'esprit de conseil nécessaire pour toutes
« les grandes affaires, et il n'a fait que mar-
« cher de faute en faute pendant tout son
« règne. L'accueil fait aux factieux révolu-
« tionnaires de la France a favorisé en Bel-
« gique le développement d'une libération
« hostile au trône. Les mesures prises contre
« les libertés de l'Église ont poussé les Belges
« à la révolte et ont aliéné en même temps
« les esprits des catholiques hollandais.
« Après avoir manqué, en août 1831, l'occa-
« sion de reprendre Bruxelles, il a accepté,
« en 1833, une position insoutenable, rui-
« neuse pour les finances du pays, et à
« laquelle cependant il n'a voulu renoncer
« qu'en 1839.

« Le caprice peu convenable à son carac-
« tère, à ses antécédents, aux sentiments et
« aux préventions du pays lui a fait perdre
« dès la même année l'affection de la nation
« et la vénération qu'on lui vouait. Il a
« enfin légué à son fils des embarras finan-
« ciers : un déficit au trésor de 73 millions
« de florins; et la dette nationale augmentée
« de 300 millions. Le mariage auquel il
« avait paru renoncer et qu'il vient de con-
« clure, n'a plus de portée politique, mais il
« a achevé la rupture entre lui et le pays où
« l'aurait attendu l'accueil le plus fâcheux,
« s'il n'avait renoncé à son voyage.

« Je bénirais le Seigneur, s'il résultait de
« tout cela un retour à l'Église, et j'y verrais
« une éclatante réparation des iniquités des
« deux Guillaume Ier et III; mais je n'ose y
« croire..... »

Ainsi donc son tort réel fut de prétendre épouser Mlle d'Oultremont, la catholique. Il lui a sacrifié sa couronne : sacrifice bien léger si, au gré du comte de Senfft, il recouvre à ce prix l'unité catholique; exemple mémorable si la nation, imbue de protestantisme par les Nassau, a fait retomber contre un autre Nassau le poids de son animosité héréditaire contre le catholicisme !

Bruxelles méritait un arrêt, un coup d'œil attentif. Près de Louise d'Orléans, reine des Belges, figurait à la cour, sous le titre de grande maîtresse, Mme la comtesse de Mérode. Elle était Languedocienne, et issue de notre illustre famille de Thésan. Je l'avais connue en son enfance; de temps immémorial, nos familles avaient eu des relations, des alliances. Héritière d'une grande fortune, elle avait su l'augmenter encore par son alliance avec le comte de Mérode. De ce mariage étaient nés deux fils, dont l'un avait aspiré, en 1830, au trône de Belgique. Le but était trop haut; en route, il reçut la mort. N'aspirant pour mon compte qu'à ranimer des souvenirs d'enfance, j'allai à l'hôtel qu'occupait mon opulente compatriote. Mais deux jours auparavant, elle avait suivi, à Londres, sa Reine, l'heureuse rivale de son fils.

Je rentrai en France, et, prêt à franchir la frontière, je ne sentis point comme à Strasbourg que je changeais de patrie. Belgique et France, c'est fille et mère !

LOUIS XIX A GORITZ

Huit à dix lieues séparent Trieste de Goritz : Trieste, où se réfugièrent et moururent Mesdames, tantes de l'infortuné Louis XVI, et Fouché le régicide, mon ex-professeur de latin, ministre de la police de Louis XVIII, *frère du Roi immolé* : Goritz, la résidence d'hiver de la famille royale de France.

Le pouvoir administratif de Goritz et de ses environs appartient à un gouverneur militaire. Il dispose de quelques compagnies de fantassins qui fournissent les deux sentinelles d'honneur à la porte de l'hôtel Strasoldo. Si petit que soit le diocèse de Goritz, il a titre d'archevêché, et le prélat est prince de l'Église. Goritz et ses environs ont une noblesse fort ancienne, mais, ainsi qu'une partie de la noblesse de France, elle est très appauvrie par ses propres services, par l'ingratitude des princes, par les développements modernes de la bourgeoisie.

C'est à l'hôtel Strasoldo qu'habitent les exilés de France; l'hôtel est d'une simplicité extrême; sur un côté, il est précédé d'un jardin en terrasses bordant une rue escarpée et caillouteuse, qui conduit aux ruines de l'ancien château des comtes de Goritz. Du manoir il ne subsiste que le donjon : le gouvernement autrichien l'a changé en prison; l'ancien mur d'enceinte est démantelé par le temps, il forme une longue banquette lézardée, tombant de vétusté, sur laquelle on vient s'accouder pour découvrir la ville de Goritz, sa vallée et les Alpes.

A gauche, sur un coteau, s'élève le couvent des Franciscains auquel est confiée la garde du cercueil de Charles X. Parmi ces religieux, trois parlaient français; l'un d'eux avait été capitaine d'artillerie dans l'armée française, il fut mon cicerone dans les funèbres souterrains. Un des caveaux appartenait à la famille de Thurn ou de la Tour; dans un autre gisaient les débris épars des Colloredo; des planches de leurs cercueils étaient vermoulues et laissaient déborder des ossements, la poussière de leurs corps jonchait le sol humide et se prenait aux chaussures. Émotionné de ce profond néant, j'allai vite me recueillir dans le caveau voisin de celui-ci; c'était là que reposait Charles X, en attendant les honneurs de Saint-Denis ou le signal de l'éternité.

L'existence de la famille royale, à Goritz, ne différait guère de celle de Kirchberg. MM. de Blacas, de Montbel, le cardinal de Latil composaient toujours le fond solide de la cour d'exil.

Physiquement, le duc n'était plus qu'une

ombre : je fus frappé de l'altération maladive de ses traits; le docteur Bourgon m'avoua qu'un anévrisme menaçait son existence. Soit l'affaiblissement qui résultait d'une cause si grave, soit en lui mobilité ou envie, il parut à ce voyage m'écarter plutôt que m'attirer; notre amitié première ne connut plus les effusions de la confiance.

Le cardinal, peu après mon départ de Kirchberg, avait essayé de s'acclimater à Rome, mais Rome et ce prélat ne pouvaient s'entendre : il y était trop abbé. Blacas et Latil s'entendaient moins encore; le cardinal s'était éclipsé, comme évanoui devant le duc; on ne lui confiait rien, et lui, retrouvant en moi un vieil ami, me faisait part de ses doléances.

M. Emmanuel de Brissac avait été appelé à Goritz pour remplir, envers le jeune Prince, le rôle, non de gouverneur, mais de mentor. Douce acquisition pour la colonie; nul, en effet, n'a mieux que M. de

Brissac des manières attachantes; supérieur aux mesquines jalousies, il me rechercha, me prévint, me pressa d'avoir avec M. le duc de Bordeaux des conférences sérieuses : vœu dont je m'écartai, l'atmosphère de Goritz me semblait contenir trop de nuages; je fis mal peut-être, mais l'indécision de mes propres vœux m'écartait moi-même d'un rôle plus actif.

Point de dames nouvelles. La jeune Princesse passait sa tendre adolescence et évaporait son aimable esprit, parmi les vertus sévères et le silence de Mmes d'Agout, de Blacas, de Nicolay; elle avait en Mme de Montbel une compagne aimable et plus rapprochée de son âge. Peu de jours après mon arrivée, M. et Mme de Montbel partirent pour la Hongrie; leur départ fit un vide dans la colonie et affecta particulièrement Mademoiselle.

Plus fortuné que sa sœur, M. le duc de Bordeaux venait de s'entourer de deux jeunes Blacas, d'un jeune Foresta. Contemporains du Prince, ces trois jeunes gens le précédaient de quelques pas dans la vie et lui en traçaient la route par les meilleurs exemples. Le vénérable Frayssinous, le vertueux Trébuquet, le savant Cauchy dirigeaient toujours l'éducation du Prince, qui allait aborder les hautes études.

Comme à Kirchberg, l'étiquette excluait les visites spontanées à la famille royale; on demandait les audiences, il est vrai qu'elles étaient faciles et douces. A la première, Louis XIX me reçut dans la chambre de sa femme (il l'appelait ainsi), elle et moi assis, lui debout. Ouvrant une porte qui donnait sur une allée de jardin, allée couverte telle qu'on en trouve au potager d'un presbytère, il m'en fit admirer en riant l'accès si commode; il oubliait de bon cœur les bouquets de Saint-Cloud.

Comme à Kirchberg, la table du Roi fut chaque jour la mienne. Les soirées étaient réservées à la conversation; les jours s'allongeant, elles étaient courtes, mais, mieux qu'à Kirchberg, elles se ressentaient du voisinage des villes et étaient moins insignifiantes : elles roulaient sur les événements du jour.

Un journal de Paris nous apprit la mort de M. de Talleyrand; aucune injure, aucun blâme n'offensèrent le nom de cet étonnant personnage; mais avait-il professé la foi chrétienne? L'entretien roula sur ce point unique.

« Tout bien considéré », dit la Reine, « il me semble qu'il n'est mort que stoïquement, comme disaient les anciens. »

Expression juste que l'auguste fille de Louis XVI prononça en baissant le ton, en jetant sur son auditoire un regard à demi inquiet, comme si elle eût craint qu'il n'y eût quelque apparence d'amertume dans son doute sur la foi évangélique de M. de Talleyrand.

Un autre jour, où je racontais ma rencontre, sur l'Inn, avec le prince de Polignac, le Roi nous dit qu'il avait fait la guerre de ce côté, comme volontaire dans l'armée autrichienne, que l'armée battue tâchait de prendre position sur un coteau, qu'il avait alors admiré les efforts et l'habileté de M. le duc d'Enghien pour contenir, à la tête de l'arrière-garde, les Français assaillants. Il ajouta d'un air indifférent :

« J'avais écrit tout cela.

« — Et où, Sire? dis-je avec curiosité. Il répondit :

« — Dans des mémoires; j'y avais raconté en détail mes campagnes, j'ai brûlé ces manuscrits.

« — Comment? s'écria-t-on avec regret.

« — Oui, je m'y permettais des jugements sur le tiers et sur le quart : les intéressés auraient pu en être offensés; puis il ne faut pas juger les autres pour n'être pas jugé soi-même. »

Ainsi s'exprimait Louis XIX, mais je trouvai en ses paroles une modestie inopportune; car il eût été salutaire à la couronne des Bourbons que l'armée française, si belliqueuse sous Napoléon, apprît, en des faits positifs, l'expérience acquise par l'héritier de cette couronne.

Un autre soir, la Reine me dit en présence du Roi :

« Quand M. de Polignac est venu nous voir en Allemagne, il n'a pas eu l'air de se douter des fautes qu'il a pu commettre.

« — Et vous l'avez bien reçu, Madame? dis-je avec un ton de doute et de surprise.

« — Sans doute, reprit le Prince, c'est un homme qui a souffert dix ans de prison et a deux fois exposé sa tête pour nous : on ne peut pas l'oublier. »

A Goritz comme ailleurs, je suivis attentivement les examens classiques de chaque samedi. Le Roi et la Reine *assistèrent* à l'un d'eux, j'étais assis près de la Reine. On débuta tristement par les mathématiques ; interrogé par Couchy sur une question de description, le Prince hésita; le Roi se leva, expliqua ce problème et reçut les éloges du professeur. Il reçut aussi les miens :

« J'étais, en ma jeunesse, bon mathématicien, l'abbé Marie était content de moi, me dit-il avec modestie.

« — Pourquoi donc, Sire, repris-je, en avoir fait en France un mystère? Les mathématiques sont la science du siècle, l'Institut vous en aurait tenu compte. »

De sa voix vibrante, M. le duc de Bordeaux aborda la rhétorique appliquée à la politique. Les deux sujets étaient : l'un, le discours du roi Jean au roi d'Angleterre Édouard; celui-ci réclamant du monarque vaincu la cession de la couronne de France. L'autre, l'allocution du Dauphin, depuis Charles V, aux états provinciaux de Champagne, pour leur demander des secours pécuniaires. Le jeune Prince commençait à être d'âge à s'appliquer personnellement des situations semblables; son œuvre montrait quelque chaleur intérieure, assez de précision et la connaissance exacte des temps corrélatifs de l'histoire.

Il y eut aussi de la physique et de la chimie; le duc de Bordeaux paraissait peu enclin vers ces sciences, le bon Couchy s'échauffait à la tâche, il criait, il tonnait; la Reine lui disait parfois en souriant : « Trop haut! pas si haut! »

Les examens hebdomadaires de M. le duc de Bordeaux se prolongeaient une heure entière, ils étaient sérieux et positifs; on lui faisait peu de compliments, mais beaucoup d'objections; il répondait sans humeur et sans trouble.

A l'issue d'un de ces examens, M. le duc de Bordeaux me proposa une promenade en voiture; il voulut me montrer l'Isonzo, et j'acceptai.

Goritz, doté de belles fontaines, est sans

rivière; l'Isonzo, qu'on croit lui appartenir, coule à une demi-lieue au delà; en été, c'est une simple rivière. Trois personnes accompagnaient le Prince : M. de Brissac, le comte de Custini et moi.

M. de Custini, énergique officier de la garde royale, est celui qui, peu après, fit évader de Salzbourg la princesse de Beyra, la conduisit incognito à travers l'Allemagne, la France, les Pyrénées, et l'amena à son nouvel époux, Don Carlos.

Pendant le trajet de Goritz à l'Isonzo, l'entretien s'anima. En homme qui se met à l'aise, l'officier de la garde adressa brusquement ces questions au jeune Prince :

« Est-il vrai, Monseigneur, que vous avez dit que vous vouliez être Henri IV deux? — Est-ce qu'à l'avenir vous habiterez Paris? — Qu'auriez-vous fait si Louis-Philippe vous eût gardé en 1830? »

Pendant ces questions, les yeux azurés du jeune Henry se détournaient vers la glace latérale de la voiture, se plongeaient sur le sol, paraissaient s'animer extraordinairement. Il répondit : « C'est vrai, je m'efforce de me modeler sur les qualités de Henri IV, mais cela ne veut pas dire que je serais Henri IV deux; le serais-je, que les esprits en France, si faussés depuis les atrocités de la Révolution, seraient incapables de le reconnaître. Quant à quitter Paris, il faudrait laisser primer la raison d'État. Si, en 1830, j'étais passé entre les mains des sectaires de la Révolution, ah! certes, je ne me promènerais pas en voiture aujourd'hui. Pour venir à bout de moi, il n'aurait pas fallu de grands efforts, j'étais alors bien malade, mon estomac ne digérait plus; le docteur Bourgon m'a rendu la vie. »

Ces paroles sont certaines, je les ai bien ouïes, bien conservées. Sera-t-il dans l'ordre qu'un tel jeune homme, échappé en 1830 à deux genres de mort : la maladie, l'assassinat, termine, en un coin obscur, une existence signalée par des circonstances plus d'une fois singulières?

L'avenir, toutefois, fut l'objet constant de quelques entretiens sérieux que j'eus l'honneur d'avoir avec les deux augustes exilés. En M. le duc de Bordeaux était tout leur espoir, ainsi que le mien; nous étions d'accord sur ce point; mais ils affectaient, ils chérissaient l'inaction, et de ce point contradictoire partait une énorme et désolante divergence. Dans un entretien avec le Roi, je me plaignis de son isolement, lui s'en félicita. Toujours Roi de nom, ne voulant point l'être de fait, telle était l'idée fixe de Louis XIX.

« Au moins, lui disais-je, n'annoncez pas d'avance qu'à aucun prix vous ne voulez rentrer en France, car, qui sait ?...

« — Oh! quand le *culbutis* arrivera (c'était son mot, et il ne doutait point de la culbute), alors, si Bordeaux avait besoin de quelques conseils!... Mais nous avons du temps d'ici là!

« — Quand le culbutis renversera la maison d'Orléans, repris-je, qui vous répond, Sire, qu'en votre solitude, la France jettera ses regards sur l'oncle ou le neveu pour acclamer son Roi? D'effrayantes catastrophes seront, peut-être, subies par elle; avant son réveil, elle se traînera dans le désordre, elle s'y consumera. Serez-vous irresponsable de ses désastres? Au lieu de vouloir que sa main vous saisisse en votre exil, tendez-lui la vôtre; vous aspirez à l'oubli, c'est préparer la France et le monde à l'indifférence. »

A ces paroles, il répondait par l'éternelle réplique de la nullité : « Que faire? il n'y a rien à faire. »

Je me permis d'exposer en particulier à la Reine les dangers d'une léthargie volontaire qui ressemblait à un suicide; elle en convint et me dit en ces propres termes :

« Il est dégoûté, il s'est jeté dans la sauvagerie. »

Quelquefois, il s'oubliait :

« Si j'avais régné en France, j'aurais mis un soin particulier à l'administration de la justice, j'aurais soulagé la misère du peuple, j'aurais surveillé l'éducation. »

Détails ressortissant plus de la haute morale que de la politique, plus empreints de vertu que de génie.

Loin de chercher un remède aux maux d'un peuple, dont il s'intitulait justement roi, Louis XIX tendait à les ignorer. Au lieu de s'occuper de négociations, d'alliances politiques, d'un mouvement quelconque de propagande au dehors, il abandonnait sa cause, celle de son neveu, à son conseil régulier : MM. de Blacas, de Brissac... et se livrait à des études sérieuses en arrière du siècle et impropres aux besoins de la société moderne.

« Avez-vous lu Cicéron? me dit-il un

jour; j'ai passé cet hiver à lire toutes ses œuvres, je touche à la fin. Mais quel homme! quelle habileté! ah! il en savait long, Cicéron! mon regret est de n'être plus assez rompu au latin pour le lire en son propre et magnifique langage. »

Ainsi s'exprimait l'homme de goût, et j'applaudis à son jugement, mais ainsi n'aurait pas dû s'absorber le Roi de l'exil, et je m'écriai :

« Mais, Sire, et Sully, Retz, Cléry! et les Mémoires de Sainte-Hélène! et Burke, Bonald, Maistre!

« — Bah! tout cela m'impatiente. Les publicistes, je les ai lus; les faits qui n'ont pas un siècle de date, je n'y veux plus songer. »

Je repris encore : « Mais s'il est dans les vues du ciel d'étendre, en faveur d'une autre Restauration, un tapis de velours de Goritz à Paris, que ferez-vous, Sire, semblant tomber des nues, sans connaître ni les hommes ni les choses, sans avoir mûri aucune organisation? — Alors comme alors, répliqua-t-il. Mon Dieu! le Roi Louis XVIII avait écrit, à Hartwell, cent projets, qu'en a-t-il fait? les événements ont amené tout le contraire. »

De la flexibilité funeste de Louis XVIII, il prenait la triste habitude d'abandonner son sort et celui de sa race à la fatalité.

S'abandonner à la fatalité fut une des fautes de Louis XVI, et son infortunée fille, l'orpheline du Temple, en portait, à Goritz, sur sa grande âme, la sinistre empreinte. Au lieu de trouver en Louis-Antoine un point d'appui contre la tendance à la fatalité, Marie-Thérèse y était entraînée par lui; couple au surplus auguste, non seulement par ses malheurs, mais par son étroite union, par la sympathie des sentiments portée jusqu'à l'indulgence absolue envers des fautes respectives.

On sent qu'en face d'une telle impassibilité, je pouvais, moins encore que l'année précédente, insinuer mes idées sur la nécessité de chercher au dehors et notamment dans l'alliance matrimoniale avec la Russie, un levier propre à une action vive, à des combinaisons étendues; j'y revins, néanmoins, plus d'une fois.

En venant à Goritz, je m'étais arrêté à Rome; là, un heureux hasard me fit faire une heureuse rencontre. Il se trouva qu'un jeune Français, bien allié dans notre patrie, avait quitté le monde, était venu à Rome, y avait reçu le sacerdoce : c'était le comte de Falloux. Il était riche, il jetait à Rome quelque éclat, il y était déjà Monsignor, il prétendait à mieux. Suppléer à la légation orléanaise, présenter au Pape tout Français pèlerin lui paraissait sa mission personnelle; il s'en faisait presque un devoir ou un droit, et, de part et d'autre, on gagnait à l'échange : lui, une sorte d'illustration; l'étranger, une utile assistance.

Durant les rigueurs mortelles du choléra

de Rome, sa piété, sa charité, son intrépidité s'étaient manifestées par les preuves les moins équivoques. Il ne quittait point les malades, les confessait, les administrait. A cette époque, plus d'un grand courage fléchit à Rome et même entre les Ordres religieux (du moins, l'ai-je ouï dire); il n'y eut d'élan vers la contagion qu'en l'Ordre des Jésuites. Marcher près d'eux et comme eux, honora le jeune Falloux.

Son obligeance envers moi fut extrême. Mes relations avec la famille royale étaient connues, il savait que j'étais allé à Kirchberg, et il sut bientôt que j'allais à Goritz. Parent, par ma femme, du prince Massimi dont le fils était grand chambellan du Pape, je priai Mgr de Falloux d'appuyer, de ces titres, ma demande d'audience au premier ministre du Pape, le cardinal Lambruschini.

Le cardinal Lambruschini avait montré à Paris, dans la révolution de Juillet, du courage et de la constance; reconnu pour chef du corps diplomatique en prééminence, il avait dignement accompli sa haute mission. On sait comment alors tous les ambassadeurs ternirent leur caractère; indifférents en apparence, ils parurent envoyés de leur maître, non auprès d'un roi de France, mais auprès de Paris souverain; la complicité patente ou du moins probable a flétri même les représentants de la Russie et de l'Angleterre, Pozzo et Stuart. Seul, le nonce du Pape se rendit auprès de Charles X; deux fois, le fatal jeudi 29 juillet, jour où la révolte conquit et pilla les Tuileries, sa voiture fit le trajet de Paris à Saint-Cloud, il venait porter des consolations, offrir ses conseils. Les Parisiens occupaient le bois de Boulogne, mais ils ne l'arrêtèrent pas : « C'est le nonce », disaient-ils, respectant son âge et son caractère. Il y avait de la vraie gloire en ce rôle; on devine avec quelle effusion l'éminent vieillard m'en raconta les détails; sa voix enrouée, débile, haletante, y suffisait à peine.

Au premier mot que je prononçai sur l'éventualité d'un mariage entre une princesse de Russie et le jeune héritier du trône de France, le cardinal m'interrompit :

« Oh! il y a longtemps, me dit-il, que je vous vois venir, je vous ai deviné.

« — Je n'ai point de mission, au contraire, j'ai un triomphe à remporter sur une profonde répugnance; au lieu d'un secret à révéler, c'est un conseil et un appui que je dois demander. Que Votre Éminence daigne se fier à ma discrétion : le Saint-Siège verrait-il sans peine l'union d'une princesse grecque avec un prince catholique, même avec la supposition que la princesse voulût persister dans son schisme? J'aperçois en cette alliance un moyen de salut, faut-il le poursuivre? Je demande franchement, nettement à Votre Éminence si l'avènement d'une Grecque schismatique au titre de

Reine de France serait à Rome un sujet d'animadversion. »

La question ainsi posée était précise et sans ambages. Le cardinal la trancha aussitôt dans le sens favorable à mes désirs, contraire aux aversions de la famille royale :
« — Il n'y a aucun doute sur notre adhésion. »

En quittant le cardinal Lambruschini, mon jeune Monsignor de Falloux me dit :
« Il a plus parlé ce soir que dans une année entière. »

C'était vrai; la faculté de parler lui était interdite par une infirmité gutturale dont il ne pouvait guérir que par un silence absolu; aussi il s'abstenait de voir les étrangers, de donner des audiences privées; celle qu'il me donna fut un privilège dont j'ai le droit d'être fier.

Je pensais que l'assentiment du Saint-Siège détruirait les répugnances religieuses du Roi et de sa pieuse épouse; je fis le récit de mon entrevue avec le cardinal

Lambruschini; aidé du Pape, je m'étais cru fort : c'était une illusion que je me faisais, car le Roi et la Reine persistèrent à repousser l'alliance russe. Alors j'indiquai la cour de Modène et celle de Milan. A Milan, les archiduchesses se distinguaient par toutes les qualités physiques et morales, elles avaient une immense fortune. J'affirmai tout cela, en racontant l'audience dont m'avait honoré, à Venise, la bienveillante vice-Reine l'archiduchesse Régnier, leur mère; et, comme à mon retour Milan se présentait naturellement sur mon itinéraire, j'offris au Roi et à la Reine mon intervention officieuse ou officielle.

A l'égard de l'aimable et jolie sœur du duc de Bordeaux, j'indiquai aussi le jeune prince des Asturies, alliance qui aurait resserré les deux branches aînées de Bourbon, ainsi que les deux monarchies de France et d'Espagne, ainsi que l'Europe et l'Amérique. J'indiquai encore l'archiduc héréditaire de Modène : prince assez riche qui aurait conclu avec Mademoiselle un mariage de convenance sur tous les points.

Mais non, nulle analogie, nul accord avec mes idées. Il y avait peu d'attraits pour la branche espagnole; d'ailleurs, du fond du cœur, la Reine ne désirait que l'union autrichienne. Je devinai qu'en proposant cette alliance, je n'offenserais aucune répugnance, au contraire, je passerais pour courtisan : je la proposai donc.

Le Roi et la Reine répondirent :

« On y pense... mais tout mariage exige deux volontés!... mais on est difficile!... mais l'adversité n'aplanit point les obstacles! »

De ces réponses je conclus qu'une union entre la cour d'Autriche et celle de Goritz ne serait pas difficile; que mes offres de Milan étaient inopportunes; que M. le duc de Bordeaux se verrait garrotter en ses plans de mariage par le prince de Metternich.

L'alliance russe! C'était, pour le chancelier d'Autriche, le fantôme noir. L'alliance autrichienne! c'était, de sa part, provoquer l'animadversion des princes d'Orléans, leurs agressions peut-être, et mieux vaut, d'ordinaire, entre puissances à peu près égales, menacer que guerroyer. De là, ne pouvais-je que déduire un fait triste et précis : c'est qu'en Autriche, le duc de Bordeaux trouvait un asile sûr, mais était gardé en otage; sa détention parée de fleurs, ornée d'égards, n'y était pas moins réelle. En effet, peu de temps après, on a vu le duc de Bordeaux obligé de s'échapper pour visiter Rome, à l'aide d'un passeport pseudonyme, et ne rentrer en Autriche qu'après des explications données par sa famille à M. de Metternich. Étrange et bien épineuse condition!

J'ai su, plus tard, que le projet d'union matrimoniale du duc de Bordeaux avec une princesse russe avait été soumis au

Czar; le souverain russe l'avait repoussé en disant à son entourage et à ceux qui le lui proposaient : « Je chéris ma fille, je ne veux pas l'exposer à l'échafaud. »

Un motif plus impérieux que ma déconvenue signalait le terme de mon séjour à Goritz. La famille royale s'en allait à Kirchberg, et bien m'avait pris de résister aux appâts de Rome; car un retard de quelques jours dans cette ville, c'était manquer Goritz; mon troisième pèlerinage eût échoué au port.

Frappé du mal de cette transmigration continuelle entre Goritz et Kirchberg, j'avais plus d'une fois attaqué, près du Roi et de la Reine, les conséquences de ces déplacements.

Tant de fatigues! tant de dépenses! Goritz est en hiver si humide! Kirchberg est en été si sauvage, et ces lieux sont si loin l'un de l'autre! Au contraire, Vérone et les Alpes sont si près; goûter en hiver la chaleur de Vérone, chercher la fraîcheur en été ou dans une des habitations dont les Alpes sont semées, ou sur les rives charmantes du lac Majeur, n'était-ce pas concilier la santé avec l'économie, avec l'indépendance? n'était-ce pas compatible avec des excursions à Vienne, où la Reine aimait à revoir sa famille maternelle? Une raison décisive me conseillait ces attaques : Vérone est plus près de France que Goritz, par conséquent l'accès des amis y aurait été plus facile. L'oubli est funeste; voir et être vu, c'est raisonner le cœur, rectifier les idées, créer des rapports et des chances; en un mot, c'est jalonner des espérances.

La politique ne mordit point à ces dernières considérations; le Roi et la Reine aimaient ces deux résidences, le cortège s'y traînait, s'y ruinait, et M. le duc de Bordeaux ressentait pour elles une aversion très précise : « Goritz! Goritz! je le déteste! » me disait-il souvent, mais Kirchberg n'était pas de nature à le passionner davantage.

Fatigués, le duc et la duchesse de Blacas quittèrent Goritz; le duc m'envoya son fils aîné pour m'exprimer ses adieux.

Brissac et le cardinal de Latil tournaient leurs regards vers la France. Moi-même je demandai au Roi et à la Reine mon audience de congé; elle eut lieu vers midi, le 3 juin 1838, elle fut longue. L'avenir en fut encore le sujet, mais sans élan, sans résolution; cercle clos, texte usé!

Admis dans la chambre de la Reine, je reçus d'elle un de ces témoignages affectueux dont elle était plus qu'économe. Elle me donna un excellent ouvrage en deux volumes : l'histoire du pape Grégoire VII, par M. Voigt, Allemand et protestant; en tête elle a écrit de sa main : « *Goritz, ce 3 juin 1838* », et elle a signé les lettres initiales de son nom : « *M. T.* » Précieux monument de son affection! Peut-être en était-ce le dernier témoignage, et, sous l'inspiration de cette triste pensée, je lui dis : « Ah! Madame, quand nous reverrons-nous? » Saisie de ma question, elle répondit en hésitant : « — Eh! mais nous nous reverrons à Paris, à Paris! »

Le branlement de ma tête à ce mot exprima plus que le doute; le doute pesait aussi sur elle, et sa bouche ne put annoncer une autre espérance.

A table, le Roi affecta de m'adresser haut la parole sur des objets personnels : combien de lieues entre Péguilhan et Toulouse? combien de membres de ma famille à ma table? etc.; affabilité du Prince, faveurs de cour, manières amicales, mais plus assorties aux prestiges de la fortune qu'aux besoins de l'adversité.

Dans la matinée du dimanche, on vint m'avertir de me rendre à l'hôtel de Strasoldo. J'arrive au salon du Roi : « Sa Majesté m'a fait appeler », dis-je au valet de chambre. Il va m'annoncer, et le Roi répond : « Mais non, je n'ai rien à lui dire. »

On s'imagine quelle anxiété j'éprouvai. Mais bientôt l'erreur s'éclaircit; c'était le duc de Bordeaux qui m'appelait dans sa chambre à un adieu particulier. Je le trouvai légèrement vêtu d'une chemise et d'un pantalon, son visage éblouissait de fraîcheur; charmé de quitter Goritz le lendemain, il jouait, il comptait sur une carte les relais et les jours de son itinéraire; Vienne et non Kirchberg attirait son imagination. A travers différents sujets de causeries interrompues, un mot vint à mes lèvres, sur le caractère, quelquefois ombrageux, du Roi son oncle. Il me dit ingénument et en propres termes : « Eh bien, je vous assure que mon oncle s'est maintenant dompté; l'année dernière, il avait encore des explosions, aujourd'hui point. »

Je reçus de lui le franc adieu d'un bon jeune homme.

Puis vint le dernier repas à la table royale et la grande réception du dimanche. Ce jour-là, nos princes ouvraient leurs salons à la société illyrienne qui s'y réunissait; la famille royale y causait familièrement comme dans un salon de Paris, ou s'entretenait en tête-à-tête ou par groupes. Nulle décoration ne brillait sur aucun habit, hommes et femmes paraissaient vêtus de même, sans recherche, mais non sans distinction. Notre auguste Dauphine se prodiguait avec une grâce charmante, le Roi et son neveu circulaient sans être aperçus.

Quand la réception fut dans toute son animation, je sortis à la dérobée et j'appelai M. de Brissac; je lui dis que je n'avais pas le courage d'exprimer moi-même les derniers adieux à la famille royale, je le priai d'être auprès d'elle mon digne interprète. En effet, lorsque, à neuf heures, le cercle se rompit et qu'on me demanda, M. de Brissac exposa et reçut de vifs regrets.

Le 5 juin, la famille royale et le vieux pèlerin s'éloignaient de Goritz en sens inverse : M. le duc de Bordeaux allait au nord vers l'Allemagne, moi au sud vers Trieste et vers Venise.

Enfin, et quelques mois après mon départ de Goritz, je reçus la nouvelle de deux pertes bien sensibles survenues dans la colonie exilée ; la mort avait frappé, en Allemagne, le duc de Blacas, en Provence, le cardinal de Latil, et le fils aîné du duc de Blacas était appelé, par Louis XIX, à remplir les fonctions de premier gentilhomme de la chambre du Roi.

J'ai dit qu'en allant à Goritz, je m'étais arrêté à Rome, et j'ai relaté l'entretien du cardinal Lambruschini ; mais je n'ai point parlé de la longue audience que le Très Saint Père me fit l'insigne honneur de m'accorder.

Au Vatican donc, l'audience du Souverain Pontife était mon unique préoccupation. Pressé par le temps, je la désirais hors ligne; inquiet sur mes paroles, je la voulais sans témoins. L'obligeant Falloux obtint tout, arrangea tout, vint me chercher en sa voiture, y monta le premier et prit la droite, s'excusant sur l'étiquette de son habit violet. Il m'avait bien recommandé : « Venez en grand costume et avec tous vos ordres. » Un grand costume, je n'en avais aucun; des ordres! je n'en avais qu'un; et lequel encore? La Restauration m'avait laissé nu sur la rive où elle avait sombré. Rien donc de plus simple que mon frac noir. A la cour du roi de Hollande, j'avais obtenu la faveur de cette tenue : à Rome, elle me fut aussi accordée; mais, en moi-même, dans le grand salon d'attente, parmi les visiteurs, et près du Très Saint Père, je dus subir la peine de la simplicité extérieure.

A l'extrémité de cette vaste antichambre, se trouvait le cabinet de Sa Sainteté. En deçà, un étroit salon où se tenaient les réceptions privilégiées et quelques Romains insignes : parmi ceux-ci, le jeune prince Massimi préposé en chef aux présentations. En deçà du petit salon, une grande salle où d'autres admis en audience attendaient leur appel; en deçà encore d'autres salles, réservées peut-être à d'autres expectatives et se déroulant jusqu'à la salle des gardes. Mon passage à travers cette série de pièces n'éprouva point d'obstacle. Mais on m'arrêta à la grande salle; et M. de Falloux entra seul dans le petit salon pour m'y annoncer. On l'y retint longtemps. Je profitai de ce moment de répit pour examiner l'aspect imposant que présentait le salon d'attente. Parmi les visiteurs, il y avait un digne prélat, à figure vénérable, revêtu d'une superbe robe blanche, relevée par la croix épiscopale : c'était l'archevêque d'Évora, autre victime des révolutions qui avaient renversé Dom Miguel et qui minaient en Portugal tous les principes conservateurs. Il était assis d'un côté de la salle; à l'autre côté, paraissaient plusieurs prêtres grecs et leurs évêques en costume d'apparat. Au milieu de la salle se promenait de long en large un monsignor romain, décoré, et paraissant investi d'une fonction locale.

La porte s'ouvre, et on appelle l'archevêque d'Évora; j'en inférai que l'évêque et les prêtres grecs lui succéderaient; je trouverais le Pape épuisé de fatigue et d'ennuis à la suite de tant d'objets et de visages divers. Mon but s'éloignait donc; il allait se perdre; et pouvais-je quitter Rome sans voir le Souverain Pontife!

L'impatience me gagnant, je m'avançai vers le monsignor :

« J'ai l'honneur d'être en France conseiller d'État, et mon rang me donne le pas sur les archevêques.

« — Que n'êtes-vous donc ici dans votre costume de conseiller d'État? » me répondit-il en très bon français et en homme sachant remplir sa fonction. Je sentis mon tort, et il était réel. Peu après, M. de Falloux reparut; le grand chambellan Massimi vint à moi et m'invita à le suivre. J'allais être devant le Saint-Père! Quelle émotion! Mais n'était-elle pas naturelle? Qu'est-ce qu'un Pape?

C'est le premier personnage de l'univers. La moitié du genre humain pivote sur cet homme en apparence si faible. Sur trois ou quatre cents millions d'hommes, la moitié reconnaît sa loi, l'autre moitié la repousse et le combat.

Le prince Massimi ouvrit donc la porte du cabinet pontifical, se mit à deux genoux, s'inclina profondément, et sortit. J'étais en présence du Pape!

Grégoire XVI a la stature haute, le visage plein, coloré et empreint de douceur. Son âge avait passé les *septuaginta annos* du prophète, et cependant il paraissait à peine avoir soixante années. Sa conception est prompte, sa parole vive et coulante; l'ensemble de sa personne exprimait plutôt la bonté facile que la hautaine dignité. Sorti d'un monastère où il avait simplement consumé sa vie, il conservait une teinte de simplicité paternelle; il usait de la pompe ainsi qu'on use d'une langue étrangère, avec mesure, sans attrait, sans en goûter les finesses! Mais la vivacité de l'esprit et la bienveillance des manières le placent parfaitement au niveau de la haute et sainte situation de représentant de Dieu. Très savant, il comprend le français, mais le parle trop difficilement pour y aventurer un Pape. Mais, par contre, il parle et écrit couramment le grec, l'arabe et en général toutes les langues orientales. Sa vie est extrêmement austère. Au travail dès six heures du matin, mangeant peu et seul, dormant peu, Grégoire XVI s'est accoutumé à l'usage d'un café très fort dont il prend cinq ou six tasses par jour. Vénéré des Romains, il n'est peut-être pas apprécié d'eux autant qu'il doit l'être. C'est un bon religieux, disent quelques-uns de ces princes romains dont l'origine, généralement moderne, et les richesses et les palais n'émanent guère pourtant que de la Papauté ! Il est vrai que Grégoire XVI est plus pontife que roi. Mais cela même est mieux dans les convenances de notre siècle. Que ne dirait-on pas d'un autre Jules II ? Sa Sainteté n'est même pas atteinte du népotisme, si reproché aux anciens papes. Son neveu n'est pas enrichi, pas même appelé à sa cour !

Grégoire XVI était assis au fond d'un cabinet de grandeur moyenne. On sait que trois génuflexions précèdent l'abord immédiat du Souverain Pontife, et qu'on se présente devant lui sans épée ni gants, sans chapeau, les mains ballantes. M. de Falloux fit complètement les trois génuflexions, le front contre terre. Je m'arrêtai à la deuxième, et mon front se tint loin du sol. Mais que les dehors sont trompeurs! J'ai mentionné ailleurs une occasion où je me trouvai en face de Louis XVIII, seul avec le trop fameux duc de Rovigo. Jamais révérence plus profonde et plus gracieuse que la sienne, plus relevée et rechignée que la mienne : et duquel des deux le cœur battait-il plus fort au nom des Bourbons?

Au premier aperçu du Souverain Pontife, les sentiments de vénération débordaient en mon cœur. Aussi ses regards discernèrent bien vite en moi et l'émotion et la timidité. Il se leva vivement, pressa mes mains, présenta à mes lèvres la sienne où était son anneau.

« Très Saint Père, lui dis-je, en la seule langue que je sache parler, je me félicite de porter aux pieds de Votre Sainteté le témoignage que tous les Français ne sont pas disciples de Bayle et de Voltaire, et d'être assisté en ce témoignage par un autre Français. »

A ces mots, le Pape regarda d'un air de bonté M. de Falloux, qui n'était pas relevé encore et me répondit en italien : « — Si, si, capacità, pietà et virtù... » Si Grégoire XVI comprenait le français, et ne le parlait que difficilement, par contre, je lisais l'italien, l'entendais très peu, ne le parlais nullement. La langue latine n'était point admise. Sa prononciation française la rendait insaisissable à Sa Sainteté. Quel dialogue établir donc entre deux interlocuteurs si disparates? Quand la vivacité de mes paroles en rendait la communication pénible à l'auguste Pontife, le Pape les reprenait, les traduisait, les énervait, et arrivait à en saisir le sens. Mais comme Grégoire XVI parlait l'italien très vite aussi, et très bien, il me rendait l'obstacle presque insurmontable. A son moindre signe, l'abbé de Falloux lui traduisait mes paroles; le respect m'interdisait un signe semblable; et ce fut seulement en des passages où un extrême intérêt surmonta la respectueuse réserve, que l'inhabile visiteur osa intercéder d'un regard l'aide officieuse du traducteur, M. de Falloux.

L'intérêt dominant de cette mémorable audience porta sur la Prusse et sur la Russie : la persécution contre les catholiques était flagrante en Allemagne. Elle excitait le fanatisme et les sévices du roi de Prusse, qui tendait ses efforts à établir l'uniformité protestante sous le titre de *liturgie évangélique*. Rome s'était engagée dans une lutte qu'elle soutenait avec douceur. Le négociateur prussien, M. Bunsen, l'entretenait avec non moins d'astuce que d'acrimonie. La raison était toute à Rome, et cependant, le ton respectif du Prussien et du Romain rappelait celui du loup en face de l'agneau. Rome alors avait affaire à plus d'un *loup cruel prêt à la dévorer*.

Au roi de Prusse s'adjoignait l'empereur Nicolas, qui sévissait aussi avec violence contre les catholiques polonais et contre les Grecs-unis. La réserve me faisait une loi de ne point interroger le Pape sur son opinion relative au dessein du mariage franco-russe. Mais nommer avec un juste blâme l'empereur de Russie me parut un moyen licite d'entrevoir ses sentiments. Il faut en convenir : la fibre touchée vibra avec douleur. « Oh! Nicolò! Nicolò! » s'écria le Pape avec une impétuosité pénétrante, et il semblait à ses paroles que son cœur ressentît en ce moment toutes les angoisses des Grecs-unis et des Polonais soumis aux ressentiments de Nicolas et aux violences du schisme moscovite. Si je n'eusse déjà reçu par le cardinal Lambruschini la pensée politique du Saint-Siège, j'aurais été déconcerté et même dissuadé en mon dessein tenace. Mais en ce moment, l'âme s'épanchait, et non la politique. Le Pape apercevait en Nicolas le persécuteur des catholiques, et non l'instrument possible du royalisme en France et même du catholicisme en Orient. En un mot, j'aperçus un sentiment irrité, et non pas une opinion hostile sur un rapprochement éventuel.

J'avais demandé à M. de Falloux quelle était la durée des entretiens. Cinq à six minutes au plus, m'avait-il répondu. Or, il y avait déjà une demi-heure que j'étais en audience, et je n'avais pas lassé encore la patience et la bonté de Grégoire XVI. Mais sa délicatesse pressentit que l'entretien avait en moi touché son terme, et qu'en dégager mes efforts, c'était œuvre de miséricorde. Le Très Saint Père fit un signe à M. de Falloux, qui se prosterna aussitôt. Je mis genoux terre et je recherchai sa mule ornée de la croix brillante. Le Pape l'avança vite et la souleva haut; et je sortis heureux et troublé.

En quittant le cabinet pontifical, je me heurtai contre un soldat galonné d'or sur toutes les coutures : c'était le premier gentilhomme du roi Dom Miguel. Il ôtait son épée; il s'empressait, car son attente avait été longue, ma réception ayant excédé la commune mesure.

Avant de quitter Rome, je visitai quelques personnages insignes. Parmi les Romains, l'octogénaire cardinal Pacca, qui partagea les douleurs de Pie VII et en a écrit le récit, vieillard en qui l'âge ni le malheur n'avaient point affaibli la supérieure intelligence; le cardinal Bernetti, autre ministre des papes qui ont succédé à Pie VII, politique actif et décidément hostile aux effets des révolutions. Je n'eus pas le bonheur de rencontrer en son hôtel le cardinal Justiniani. A la dernière élection, son mérite avait fixé les votes du Sacré Collège. Ils furent annulés par l'opposition de l'Espagne. Ferdinand VII y régnait alors : prince qui ajouta une autre bien grave faute à toutes celles qui pèsent sur sa tombe.

Je mentionnerai encore ma visite aux

deux admirables chefs de l'Ordre des Jésuites : le général Roothen et son premier assistant, le Père Rosaven.

Dans leur maison centrale de Rome, ils me montrèrent leurs premiers généraux, leurs premiers saints représentés non sur de la toile, mais en relief, de grandeur naturelle, affublés de leur habit et sous leurs traits véritables.

Le général Roothen, né en Hollande et jeune encore, était un polyglotte fini; il parlait toutes les langues de l'Europe.

Le Père Rosaven, Français et Breton de naissance, courbé sous le poids des années, vif et spirituel, avait vu et éprouvé en Russie l'orage violent dont la foudre de l'orthodoxie renversa à Pétersbourg les établissements des Jésuites et les progrès du catholicisme.

Les Français étaient alors peu nombreux à Rome. Entre eux, je vis le maréchal de Bourmont, l'abbé de Retz, M. Rubichon et son neveu Mounier.

Le maréchal subissait la peine d'avoir conquis Alger. Repoussé de sa patrie et propriétaire d'une terre dans l'État romain, il venait à Rome par intervalles. J'avais rencontré sa noble et intéressante femme. « Il me tarde, lui dis-je, de présenter mes respects à notre Scipion l'Africain.

« — Oh! que nous sommes loin de tout cela! » me répondit-elle avec grâce et résignation.

L'adversité et l'apoplexie avaient imprimé sur la physionomie de M. de Bourmont de sinistres ravages. Mais la bonté y rayonnait encore; la grandeur y survivait. Assis en son salon, près de lui, je considérais l'homme qui avait accompli en trois mois l'entreprise la plus chevaleresque et la plus chrétienne de nos âges; l'homme qui avait donné l'Afrique à sa patrie. Entre une telle conquête et une telle disgrâce, quels pouvaient être les mouvements d'un cœur qui n'est ni de boue ni de bronze?

L'abbé de Retz représentait la France au tribunal de la *Rote*. Un revenu de vingt-cinq mille francs, un chapeau éventuel de cardinal étaient attachés à cette magistrature. La catastrophe de 1830 survint, et l'abbé de Retz immola sa fortune et son avenir à ses principes. « *Si l'honneur n'eût été qu'un mot* », la France aurait compté deux cardinaux de Retz.

DON CARLOS A BOURGES

A Prague et ensuite à Kirchberg, j'avais été chargé par Charles X et Louis XIX de deux missions confidentielles : l'une, pour le comte de l'Alcuda, qui résidait à Vienne ; l'autre, pour la princesse de Beyra, belle-sœur de Don Carlos, qui, à Salzbourg, se prodiguait aux trois jeunes fils du roi d'Espagne avec autant d'activité et de dévouement que notre chère Dauphine en témoignait au duc de Bordeaux.

Le comte de l'Alcuda (en son nom Saavedra) avait été premier ministre sous le roi d'Espagne Ferdinand VII. Une fois, il avait obtenu du faible monarque la révocation du fatal testament qui a creusé sous l'Espagne des catacombes où il semble que le dernier Espagnol doit précipiter l'avant-dernier de ses compatriotes. Généreux, ferme et capable, il s'était réfugié à Vienne; l'été, il occupait auprès de Schœnbrunn une élégante habitation. Ses biens étaient saisis, un capital lui restait, il en avait divisé le chiffre suivant le nombre d'années qu'il attribuait à la durée de l'usurpation du trône espagnol; mais Don Carlos a trompé la fortune, et l'illusion, plutôt que la prudence, avait supputé pour Alcuda les années de l'épreuve.

Don Carlos n'avait point d'agent plus dévoué et plus influent que le comte de l'Alcuda; cet ancien ministre était son organe auprès du prince de Metternich; il correspondait avec le duc de Blacas et avait obtenu de Charles X et de Louis XIX près d'un million en subsides pour Don Carlos.

J'accourus à son joli manoir, près de Schœnbrunn; sa réception fut charmante; il me donna d'intéressants détails sur ses projets politiques, qui, selon lui, devaient pacifier l'Espagne et lui rendre sa suprématie d'antan. Pénibles illusions! Le comte de l'Alcuda, pas plus que nous, ne prévoyait alors les cruels revers qui poursuivent sans trêve la postérité déchue du plus hautain de nos rois : les fils de Louis XIV.

C'est en revenant de Kirchberg que je m'arrêtai à Salzbourg. Dans cette ville, les beaux-arts peuvent montrer, avec orgueil, la cathédrale et l'antique abbaye de Saint-Pierre. L'architecture de la cathédrale est sévère, elle impressionne l'esprit par l'austérité et la gravité de ses lignes. J'y assistai à la cérémonie du matin du 15 août.

Le chœur, avec ses chanoines vêtus de rouge rappelant les cardinaux romains, offrait à la vue le spectacle imposant des plus riches magnificences. Le célébrant était crossé et mitré, ses mains gantées posées à plat sur chaque genou; ses bas

blancs en soie se trouvaient rehaussés par
des souliers brodés d'or, et son attitude
ferme, l'immobilité de ses traits semblaient
en faire une statue. Ses yeux seuls paraissaient vivre. D'un coup d'œil il reconnut
l'étranger, et fit signe à un bedeau de me
conduire à une tribune : c'était celle des
musiciens.

Je m'informai si le célébrant mitré était
l'archevêque, le successeur des princes,
qui joignait le sceptre à la crosse. Non, il
était absent et avait été remplacé par le
chef du chapitre, le comte Daun, petit-fils
du maréchal Daun qui a vaincu le grand
Frédéric.

J'avais, en arrivant, écrit à la princesse
de Beyra. Veuve d'un Bourbon et mère de
l'infant Don Sébastien, cette princesse était
fille du roi de Portugal; sa sœur avait
épousé Don Carlos et venait de mourir à
Londres. Des sentiments élevés distinguaient ces deux Portugaises; en face d'elles

étaient placées, à Madrid, deux Napolitaines : Christine et Carlotta; une antipathie de nation, de femme, de cour, divisa bientôt les deux races. Carlotta désignait les deux Portugaises par le nom de Négresses; et quand elle reconnut qu'après Ferdinand VII l'une des négresses allait devenir reine, cette Carlotta résolue, téméraire, cruelle, a mis le feu à l'Espagne, a détrôné la loi salique et Don Carlos. L'ambition et d'autres vices ont porté sa sœur Christine à de pires excès.

En violant la loi salique qui préservait l'Espagne des horreurs de la guerre civile, qui assurait à la race masculine des Bourbons le trône d'Espagne; qui garantissait à la France l'alliance achetée par tant de sang et de sacrifices, Ferdinand VII, égaré par des intrigues domestiques, par la diplomatie anglaise, par un ministre trop faible ou complice, a donné le signal de l'incendie qui embrase l'Espagne. Louis XIV avait dit : « *Il n'y a plus de Pyrénées* »; d'un trait de plume, par un seul acte d'homme faible ou mourant, *les Pyrénées se relevaient* sous les yeux des Bourbons.

En présence de cette violation de la loi de l'ordre général en Espagne, de nos intérêts, nous avons vu la diplomatie française se contenter de platoniques protestations. Il est vrai que le ministère d'alors, présidé par M. de Polignac, se trouvait aux prises avec le parti révolutionnaire de Juillet et le dey d'Alger, dont les hostilités donnèrent le signal de nos conquêtes africaines.

Soit imprévoyance, soit certitude d'être en mesure de soutenir et imposer le droit et le respect de la loi, il ressort de la lettre ci-dessous que m'a adressée l'ambassadeur de France à Madrid, le comte de Saint-Priest, devenu à la suite de ces événements duc d'Almanza et grand d'Espagne, que M. de Polignac crut plus politique pour l'État, le traité de l'expédition algérienne que la discussion de l'abrogation de la loi. Il donna la priorité au traité, et fut renversé du pouvoir sans avoir pu négocier la dénonciation de la loi salique.

Le comte de Saint-Priest, le même qui, peu après, prit une part si active dans l'expédition de Mme la duchesse de Berry en Provence, avait été aide de camp du duc d'Angoulême à l'époque où j'étais sous-gouverneur du Midi. Assez malmené par moi dans mon livre *De l'agonie de la France,* au sujet des événements d'Espagne, il m'adressa une lettre justificative que je publie ici, d'abord parce qu'elle y a droit, et puis parce qu'elle présente assez d'intérêt au point de vue de la politique de M. de Polignac en Espagne.

« ...Il peut paraître étrange, mais il n'en
« est pas moins vrai, que ce fut M. Co-
« lomarde, premier ministre espagnol, qui,
« voyant son crédit baisser et s'imaginant
« faire une chose agréable à la cour de

« Naples et à la nouvelle Reine, eut seul la
« funeste pensée de changer la loi de suc-
« cession de Philippe V; les autres ministres
« ignoraient cette intrigue. Le roi de Naples,
« qui se trouvait alors à Madrid, n'en fut
« instruit que cinq ou six jours avant l'évé-
« nement; il m'en fit prévenir, à l'instant
« même, par son ministre le prince Canaro,
« qui me témoigna toute sa surprise et l'af-
« fliction qu'il en ressentait.

« Ma première démarche fut de supplier
« Sa Majesté d'avoir une explication avec
« Ferdinand VII, je ne pus l'obtenir; je ne
« fus pas plus heureux auprès de l'infant
« Don Carlos, que ce décret dépossédait de
« tous ses droits.

« Le jour même où le prince Canaro me
« fit cette triste confidence, je vis le ministre
« des affaires étrangères de Sa Majesté,
« M. Salmon; il ne put pas déguiser sa sur-
« prise en apprenant ce qui se tramait. Je le
« prévins que je protesterais; je l'engageai

« à réfléchir sur les graves conséquences
« de cet acte, et j'envoyai sur-le-champ un
« courrier à M. de Polignac demandant des
« instructions précises. Sa réponse, trans-
« mise par le télégraphe, peu de jours
« après que la dérogation de la loi de Phi-
« lippe V eut été proclamée, fut : « *Abstenez-*
« *vous de toute récrimination sur ce qui*
« *vient d'être fait, ne vous occupez que de*
« *faire signer le traité relatif à l'expédi-*
« *tion d'Alger; nous verrons plus tard ce*
« *qu'il y aura à faire.* »

« Cependant, comme il doit y avoir action
« dans les rapports d'État à État, je conti-
« nuai à faire sentir au cabinet espagnol
« les dangers de sa brusque détermination.
« Par là, je me tenais en mesure de revenir
« sur cette question importante, dans le cas
« où M. de Polignac, mieux éclairé, m'en
« aurait donné l'ordre. La cour de Naples,
« celle de Turin n'avaient pas encore pro-
« testé : un concert préalable entre les diffé-

« rents cabinets d'Europe était nécessaire
« avant de s'arrêter à un parti. M. de Poli-
« gnac était occupé à en jeter les bases,
« lorsque deux événements vinrent l'inter-
« rompre : la prise d'Alger et la révolution
« de Juillet. Je donnai ma démission.

« Ferdinand VII détestait le duc d'Or-
« léans, et dans les faveurs qui me furent
« accordées en septembre 1837, entrait,
« seulement, le désir de témoigner ses re-
« grets pour la dynastie tombée et son peu
« de sympathie pour la dynastie nouvelle.

« ...Je vous prends volontiers pour juge,
« mais vous sentez qu'il ne me conviendrait
« ni de jeter un blâme sur nos princes, ni
« d'accuser un ministre malheureux, ni
« de faire ressortir la faiblesse du roi de
« Naples et de l'infant Don Carlos.

« J'espère... »

Le seul tort qu'on puisse reprocher au comte de Saint-Priest, c'est : de n'avoir pas compris qu'il est des caractères dont il faut briser la surface résistante, pour y faire germer la puissance de vouloir, chez l'Espagnol plus que dans tout autre peuple.

J'annonçai par écrit à la princesse de Beyra la mission dont j'étais chargé pour elle.

Elle me reçut avec simplicité et bonté. Ses traits n'étaient certes point ceux des tribus nègres; un teint animé, des yeux expressifs embellissaient sa figure.

Près d'elle était sa bru, Dona Amélia, autre princesse napolitaine, autre sœur de Carlotta, de Christine, de notre duchesse de Berry, mais ornée de dons qui contrastaient avec le sang fougueux de Naples. Une tête charmante, de la fraîcheur, de la douceur, son âge de vingt ans, la candeur de sa physionomie et de ses paroles, donnaient à Amélia un attrait puissant; sa taille peu élevée, énorme en épaisseur, déformait sa beauté; la première impression en était pénible, la deuxième ne rappelait qu'un joli visage, une âme simple et une petite femme vouée, toute jeune, à l'abandon.

Les deux princesses étaient radieuses; elles venaient d'apprendre les détails d'un combat sérieux; l'occupation de Huesca, le passage de l'Èbre. A la bataille gagnée, Charles V avait paru en personne; à Huesca, le mari d'Amélia, Don Sébastien, avait eu, disait-on, un cheval tué sous lui. L'une et l'autre me montrèrent avec empressement, dans leurs chambres, les portraits en pied, là, de Charles V, ici, de Sébastien.

Ensuite la princesse de Beyra s'élança dans une chambre voisine, appelant ses trois neveux : « Ferdinand ! Juan ! Carlos ! »

« Je suis impatiente de vous montrer les fils du Roi », me dit-elle.

Ils entrèrent tous les trois, se rangèrent sur une ligne, et me voilà, moi Languedocien, passant en revue ces trois jeunes rejetons de Louis XIV, que Philippe V avait, par tant de guerres et malgré l'Autriche, transplantés en Espagne; que la Révolution française avait, par tant d'autres guerres, repoussés en Autriche.

L'aîné paraissait avoir dix-neuf ans, le second seize, le troisième treize; je les questionnai avec les signes d'un affectueux respect. L'aîné seul répondit en français passable : il était de taille moyenne, avait le visage pâle, rond et presque bouffi; on l'appelait le prince des Asturies. Je le considérai avec un intérêt tout particulier, suivant en lui les vœux et les calculs de ma raison, cherchant à démêler dans sa physionomie placide et modeste l'heureux époux de notre spirituelle Mademoiselle, l'anneau des deux branches de Bourbon, le lien renouvelé des deux nations pyrénéennes; mais l'étoffe me parut manquer en lui pour tous ces beaux et doux rôles.

Je m'enquis de l'instruction donnée aux

trois infants : elle était faible. La princesse de Beyra leur donnait les soins maternels, mais les instituteurs, pris au hasard dans l'Ordre des Jésuites, opéraient comme les débiteurs insolvables : ils ne donnaient point ce qu'ils n'avaient point. J'en fus frappé et, de retour à Paris, je crus de mon devoir d'en prévenir le supérieur des Jésuites parisiens. Il avait résidé à Madrid, d'où il avait pu s'enfuir avant les massacres qui ont déshonoré l'Espagne; ma demande ne fut pas sans écho, et deux nouveaux Jésuites lettrés, intelligents, accoururent de Madrid à Salzbourg.

A la dernière soirée que je passai avec la princesse Amélia, j'entendis résonner les accords d'un piano agréablement touché : « C'est le prince des Asturies », me dit la Princesse.

Je me rappelai aussitôt le duc de Bordeaux à Kirchberg et son goût pour la musique. Tous deux jeunes victimes de

notre époque! royaux débris du passé!
Infortuné Henry! infortuné Ferdinand!
mais dans ce parallèle je voyais l'un, cherchant la force intellectuelle, l'autre, la distraction.

En Espagne, trois hommes d'un ordre supérieur : Zumalacarreguy, Espagne, Cabrera avaient discipliné les bandes héroïques. Porté par elles, Don Carlos avait revu Madrid, il en avait touché les portes, et tout à coup, inavisé, trompé, il avait rebroussé chemin vers la Navarre, où, de faute en faute, il s'était laissé choir dans les pièges de l'abominable Maroto. Il n'avait su préserver ni ses généraux de l'assassinat, ni ses conseils de la trahison, ni sa personne de l'expulsion; après tant de sang versé, après tant de malheurs et d'exploits, il avait repassé en fugitif les Pyrénées, accompagné de son fils aîné et de sa nouvelle épouse, la princesse de Beyra, que M. de Custini, présent à la cour de Louis XIX pendant mon séjour à Goritz, avait fait évader de Salzbourg et conduite à Don Carlos après un voyage des plus accidentés à travers l'Allemagne, la France et les Pyrénées. Expédition chevaleresque qui, ainsi que tant d'autres tentatives conçues pour sauver, n'a réussi que pour perdre. Il paraît trop certain que la princesse a contribué, par des habitudes de mollesse, à engourdir les efforts déjà indolents de Charles V, à l'encourager et le convaincre de régner en Navarre, quand le salut du trône demandait, au contraire, de combattre ardemment en Castille; mais M. de Custini avait cru amener la force et non la faiblesse qui a fait choir Don Carlos et la princesse dans une honteuse catastrophe. En août 1839, Charles V avait eu cent mille hommes à ses ordres; en novembre de la même année, il fuyait en France, et le gouvernement de Louis-Philippe le reléguait à Bourges, où il le détenait captif au mépris de toutes les lois, l'entourait de peu de serviteurs, de beaucoup d'espions et de gendarmes.

Mais pour sauver le caractère hostile de la détention et donner l'apparence de la bienveillance à l'hospitalité hypocrite, le gouvernement de Juillet avait accordé à Don Carlos tous les signes extérieurs dus à un monarque déchu. C'est ainsi que, dans l'imposante basilique de Bourges, j'ai vu l'archevêque s'avancer, en habits pontificaux, suivi de son chapitre, vers le grand portail et recevoir Don Carlos et sa famille avec tous les honneurs réservés aux potentats victorieux. Après la réception, dans la marche vers l'autel, l'archevêque précédait le couple royal qui marchait de front quelques pas en arrière : Don Carlos au milieu, la Reine à droite, le prince des Asturies à gauche; et pendant qu'ils traversaient ainsi la nef de la basilique, dans une attitude calme, l'air très recueillis et tout pénétrés du saint lieu, les fidèles, témoins de cette pompe religieuse, s'émerveillaient du caractère noble de l'hospitalité offerte, et le change était donné.

Mais à la promenade, l'hostilité retrouvait toutes ses formes. Là ce n'était plus le monarque entouré d'hommages, mais le captif suivi de ses gardiens. Don Carlos, n'ayant pas de voiture, empruntait celle de l'archevêque; il s'y plaçait avec sa femme et son chambellan; deux gendarmes et un agent de police chevauchaient à vingt pas d'intervalle: on arrivait au bord de l'Auron, on y faisait languissamment quelques tours à pied et on revenait tristement. Une fois, je me trouvai sur le passage du cortège; un ancien ami, M. d'Haranguier, ingénieur en chef du canal du Berry, m'avait dit : « Venez donc voir notre canal, venez voir votre ouvrage, nous vous le devons et vous lui devez une visite. »

Je revenais donc avec lui des bords de

cette rivière factice, consciencieusement heureux d'une bonne œuvre, d'un service efficace, d'une idée accomplie, en y mêlant, avec quelque amertume, les souvenirs d'une époque où Louis XVIII vexait par ses ministres mon *zèle trop ardent,* disait-il; quand d'Haranguier me tira de la rêverie en me disant : « Ah ! voilà le roi d'Espagne. »

La voiture, en effet, les gendarmes et l'agent de police, descendaient au petit trot la rue d'Auron, nous la remontions en sens contraire. A l'aspect de la voiture, je m'arrêtai, fis face, ôtai mon chapeau; un étonnement extrême se peignit dans les regards des prisonniers inaccoutumés à ces formes-là. A l'instant, ils me reconnurent et m'adressèrent un profond salut.

Le prince des Asturies n'était point avec eux, il chevauchait au loin, se perfectionnant dans un art salutaire à son âge et nécessaire à son avenir.

Le lendemain de mon arrivée à Bourges,

je m'annonçai au roi d'Espagne; sa réponse fut qu'il me recevrait à l'instant, si je ne devais pas séjourner dans la ville; en cas de séjour, il préférait midi du lendemain.

A midi, je traversai l'étroite cour et l'antichambre, un chambellan m'annonça. Le Roi et la Reine étaient assis l'un près de l'autre.

Je trouvai la Reine embellie, plus élégamment vêtue qu'elle n'était à Salzbourg; elle me témoigna vite sa satisfaction de me revoir. Le Roi me demanda si mon fils avait oublié l'espagnol, qu'il apprenait à Madrid. En effet, mon fils aîné se trouvait à la cour de Madrid au moment du fatal mariage de Ferdinand VII avec Christine de Naples; il y avait figuré comme gentilhomme de la chambre du roi de France, Charles X; bien traité du roi Ferdinand, qui lui avait conféré la plaque de Charles III, et accueilli avec intimité par Don Carlos, il était gracieux à ce Prince d'en conserver la mémoire. Père et fils, nous étions sûrs de n'être pas suspects; aussi, les compliments une fois échangés, j'abordai d'autres questions.

« Votre Majesté, dis-je au Roi, est ici complètement prisonnière, je la supplie d'éviter, à cet égard, toute illusion. Louis-Philippe l'entend ainsi, et les rois d'Europe penseront bientôt comme lui, si Votre Majesté s'abstient d'une légitime protestation. — Non pas, j'attends mon passeport, et le colonel Timan va partir pour Paris, certain de me le rapporter d'ici huit jours, il m'en a donné sa parole. »

Le colonel Timan, aide de camp du maréchal Soult, était placé par le gouvernement français, non pas aux ordres, mais tout simplement à la surveillance de Don Carlos. Bonhomme au fond, il allait, il venait de Bourges à Paris, promettant, à chaque voyage, les passeports qu'il ne pouvait obtenir et donner. Je repris :

« Que Votre Majesté me permette de lui exprimer mon opinion : ce va-et-vient de Bourges à Paris est assez éloquent : il démontre que les passeports ne seront pas l'œuvre de la bonne volonté; si le Roi veut les obtenir, il faudra user de représailles. »

Charles V me répondit : « Naples et la Sardaigne ont déjà fait, à Paris, quelques démarches directes, il nous paraît prudent de patienter encore.

« — Soit, répliquai-je, que Votre Majesté accorde au colonel une semaine; si alors un refus déguisé manifeste la perfidie, adressez, Sire, un manifeste à toutes les puissances, intéressez les monarques à votre détention arbitraire et appelez-les à votre délivrance; que votre cause soit la leur et qu'elle triomphe au plus vite. Le temps presse; en différant, Votre Majesté rendra sa captivité définitive; si elle n'a pas une plume à ses ordres, je lui offre la mienne, et demain je lui soumettrai un projet de manifeste. »

Tout cela fut dit et mené rondement. Don Carlos, accoutumé à des allures plus langoureuses, en parut un moment surpris; sa physionomie se ranima, et une lueur se fit dans son regard : « J'accepte avec plaisir. A demain, à la même heure. »

Dans la soirée, je visitai, dans sa chambre, le prince des Asturies. Il me raconta d'une façon simple et modeste les combats auxquels il avait assisté ; les périls affrontés ne l'enorgueillissaient pas, les trahisons des siens n'avaient pas aigri son cœur, et il supportait sa captivité sans abattement comme sans forfanterie, avec la conscience du devoir accompli et le ferme désir de reconquérir le trône à l'usurpateur. La Navarre avait bruni son teint, développé sa stature; il révélait à Bourges une force physique qu'on n'aurait jamais soupçonnée dans un corps aussi délicat qu'était le sien à Salzbourg, quand je le vis à mon retour de Kirchberg.

Au jour dit et à heure fixe, j'étais au nouvel Escurial; le Roi se plaça, comme la veille, entre la Reine et moi, et je lus lentement le manifeste que voici :

« 10 novembre 1839.

« Retenu par la violence en un pays
« où nous entrâmes sous l'apparence de
« l'hospitalité; gardé de force, en une de
« ses villes, contre le droit des gens, entravé
« en notre volonté contre les lois mêmes de
« la France; éclairé sur notre sort par
« l'inefficacité des observations adressées
« au Roi des Français, nous croyons rem-
« plir un devoir rigoureux envers l'équité
« naturelle, envers la dignité royale et envers
« nos infortunés peuples que désole la
« guerre civile, en portant à la connais-
« sance de tous les souverains un manifeste
« qui leur expose nos motifs de haut et
« ferme recours à leur légitime assistance.

« Le traité qui termina en 1712 la longue
« et violente guerre de la succession au
« trône d'Espagne, assura ce trône à la
« branche puînée de la descendance de
« Louis XIV. De cette pacifique et solen-
« nelle transaction est dérivée la transmis-
« sion du droit héréditaire par ordre de pri-
« mogéniture masculine. Telle fut dès lors
« la base de la jurisprudence européenne;
« sur elle s'affermit l'équilibre entre les
« puissances; en elle, les nations qui com-
« posent la chrétienté virent une garantie
« de leur tranquillité future, et certes, il
« n'a pu appartenir, ni à Napoléon ni à
« notre auguste et infortuné frère prédéces-
« seur, de substituer à une loi générale un
« acte d'intérêt privé qui a mis en sang
« notre malheureux pays

« Après une période de cent trente années,
« il a plu à la divine Providence de nous
« appeler à la tête de la postérité puînée de
« Louis XIV et de nous confier le maintien

« de l'ordre établi par l'Europe elle-même,
« pour la paix de l'Europe, pour la sécurité
« de la France et pour le maintien de l'ordre
« en Espagne.

« Nous avons entendu sa voix, et tous les
« souverains d'Europe ont vu comment
« nous nous sommes efforcés de maintenir
« la loi au sein des contrées fidèles qui
« s'arment contre une prétention usurpa-
« trice.

« Tous aussi ont connu les obstacles
« incalculables qui nous ont circonvenus,
« et pourtant, six années d'efforts n'ont point
« lassé notre constance; et nous aurions
« maintenu le droit, même au milieu de
« nos guerres difficiles, avec l'aide de nos
« héroïques soldats, sans l'intervention
« hostile de deux des principales puissances
« qui avaient contracté les traités de 1712.

« Qu'en un si long cours d'années rem-
« plies d'événements et de désolations, la
« cause du droit suprême ait essuyé des

« revers, que des méprises, des fautes
« même aient été commises, ah! il n'est
« pas donné aux rois de ne jamais faillir, ni
« à la justice de ne jamais errer. Mais il est
« des erreurs qu'il est glorieux de com-
« mettre; n'avoir pas deviné la trahison
« lente, judaïque et complète qui a amené
« la catastrophe de septembre dernier; cette
« trahison qui seule a pu nous rejeter, nous
« et nos soldats trompés et non vaincus,
« sur le sol français; c'est là pour nous un
« sujet de gloire et non de regret : de tels
« opprobres ne se devinent point. En cette
« crise extrême, tout homme d'honneur a
« senti, pensé et jugé comme nous.

« Mais qu'à la violence de la trahison en
« Espagne, ne s'associe plus la violence de
« la captivité en France.

« Ce n'est pas le salut de notre personne
« qui nous occupe, alors que nous la pla-
« çons sous l'égide des souverains d'Europe.
« En vain la police de France et sa gendar-

« merie nous obsèdent nuit et jour, en vain
« on écarte loin de nous nos plus intimes
« serviteurs. Dans une autre condition, des
« procédés indignes ou menaçants n'auraient
« pu nous émouvoir. Isolé, nous nous aban-
« donnerions sans anxiété à la malignité des
« hommes et aux arrêts inconnus de la
« Providence; mais en nous vit le principe
« de la légitimité qui garantit tous les trônes
« et par eux tous les peuples. En nous rési-
« dent le droit public de l'Europe et la loi
« sacrée de l'hospitalité : si la foi aux traités
« s'annulait; si les rois admettaient la faculté
« d'intervertir partout l'ordre de succes-
« sion, lors même qu'un tel ordre a été
« réglé entre les puissances, dans des
« vues unanimes d'intérêt général; si la
« réciprocité d'appui cessait d'être un lien
« entre tous les monarques et tous les
« peuples; si tout, jusqu'au droit de refuge
« et de transit, cessait d'être honoré en un
« roi trahi; alors ce n'est plus notre mal-

« heureuse Espagne seulement, où nous
« voudrions arrêter les flots de sang et les
« fléaux de la guerre civile ; à l'aspect de
« cet état nouveau, nous gémirions sur la
« catastrophe imminente dont tous les
« princes et toutes les nations seraient
« atteints dans le chaos d'un désordre
« général.

« En ce péril d'un désastre commun,
« c'est hautement et publiquement que
« nous manifestons, aux yeux de tous les
« gouvernements et de tous les peuples,
« la détention frauduleuse qui nous est
« imposée : nous reposant, toutefois, dans
« l'espérance que les souverains, avertis
« par nous, voudront, en mémoire de
« l'antique foi, et pourront enfin substituer
« à l'inefficacité de démarches occultes et
« repoussées, la réalité de réclamations
« patentes, précises et victorieuses. »

Le roi d'Espagne y prêta la plus vive attention ; quant à la Reine, elle parut n'y rien comprendre. A ces mots : Nos soldats, trompés et non vaincus, Don Carlos s'écria : « Oui, c'est bien exact, c'est bien vrai. » A ces autres paroles : Que des fautes aient été commises, le Roi se récria : « Ah ! il n'est pas donné aux rois de ne jamais faillir.

« — Sire, des fautes sont palpables, les avouer vaut mieux que de les dissimuler. La dissimulation irrite, un franc aveu désarme et touche, il vous grandira en Europe. »

Les derniers faits de Navarre, effectivement tachés, sous l'action du Roi, du sang de ses propres généraux, tour à tour cruels, ridicules, indécis, n'étaient point de nature à être palliés. Un moyen unique restait à Don Carlos d'en effacer la souillure : c'était d'y passer, lui-même, l'éponge du repentir; par là, il allait ranimer l'estime et la confiance de ses officiers, de ses partisans, des rois eux-mêmes.

Enfin, sa réponse fut qu'il était content

du projet, qu'il se déciderait après le retour du colonel Timan, et il prit mon manuscrit.

J'ajoutai : « Il convient que Votre Majesté donne à ces paroles une authenticité incontestable, et voici même les expédients que je lui propose. Trois copies seront faites, écrites de votre main royale, s'il est possible, sinon bien munies de sa signature et de son sceau; j'en garderai une en réserve, une autre sera mise en dépôt chez un notaire de Paris ou de Toulouse, afin d'y servir de gage aux journaux royalistes qui s'en serviront pour battre en brèche et le gouvernement persécuteur et les gouvernements hostiles; la troisième sera transmise à votre ministre à Vienne, l'habile et loyal comte de l'Alcuda, qui en fera le type de ses communications à l'Autriche, à la Russie et à tous les cabinets. Si Votre Majesté le désire, je lui propose encore d'envoyer moi-même, au comte de l'Alcuda, le manifeste et les ordres de Votre Majesté. Une voie sûre m'est ouverte à cet égard. »

Ainsi j'aplanissais les obstacles, ainsi je tâchais d'aiguillonner cette inertie, qui, telle qu'une paralysie immense, paraît avoir glacé le sang dans les veines des Bourbons ; mais en pure perte : « *Attendons, patientons, voyons les événements.* » Et les Bourbons ont été si convaincus que les événements leur seraient propices, qu'ils finissaient par glisser leur confiance au cœur de leurs partisans, et ceux-ci s'abstiennent trop et se laissent aussi engourdir par une excessive torpeur, au plus grand préjudice du rang, de l'éclat de la noblesse française.

Je continuai l'entretien : « Après tout, et malgré les terribles revers de la Navarre, Vos Majestés possèdent des forces redoutables, capables de balancer celles de l'usurpation ; elles dominent en Aragon, en Catalogne. En Aragon, vous avez l'admirable Cabrera... — Oui, oui, Cabrera, le valeureux Cabrera! » s'écria la Reine en m'interrompant.

« — En Catalogne, est le comte d'Espagne, dont les talents politiques et le dévouement chevaleresque assurent à Vos Majestés la possession décisive de cette province. Mais je ne sais à quel propos les gazettes de la junte royaliste dénigrent son royalisme et l'accusent de malveillance. »

On sait que la junte s'était permis de soumettre à de viles attaques le comte d'Espagne, chef du parti carliste en Catalogne. Pendant que j'adressais ces questions au Roi, je le vis baisser les yeux, la Reine détourna les siens, et tous deux parurent extrêmement gênés de mes paroles. Je vis tout de suite que ce preux défenseur du trône et de l'autel avait été calomnié. La disgrâce était apparente par le silence que gardaient Leurs Majestés. Je voulus en connaître la cause.

« Le comte d'Espagne est mon parent; son patrimoine touche à ma terre, mon gendre a été son aide de camp, il m'est personnellement connu par mille rapports. J'estime que sa foi envers Vos Majestés est indéfectible et qu'il va rivaliser avec Cabrera d'énergie et de génie pour stimuler vos partisans et appeler à son Roi de nouveaux secours qui feront oublier l'échec du traître Maroto. »

Toutes ces paroles furent impuissantes à dérider le front de mes augustes auditeurs. Un sourire de commande errait légèrement sur les lèvres du Roi, le visage de la Reine restait glacé et imperturbable. Jugeant alors que le Roi désirait garder le silence sur cette disgrâce, je m'en allai, plus convaincu que jamais du peu de confiance que les défenseurs de la légitimité trouvent auprès des rois.

Je pris le lendemain mon audience de congé, et, malgré tous mes efforts, il me fut impossible d'obtenir quelques éclaircissements sur la déchéance du comte d'Espagne.

Qui l'aurait imaginé? Pendant que j'étais à Bourges, le Roi consommait la ruine de son parti et de ses généreux chefs. Il venait de céder aux artifices de la junte catalane, où siégeaient des traîtres, des vandales non moins ennemis du Roi que du valeureux comte. Un membre, délégué par cette assemblée, s'était rendu à Bourges et avait rapporté en Catalogne un ordre royal qui destituait le comte de son commandement; autant valait un arrêt de mort. Certes, la mort n'était point entrée dans l'esprit du Roi; qu'importe? elle sortait de sa cédule et plaçait l'infortuné comte entre deux feux : s'il demeurait en Catalogne, ses ennemis l'y tuaient; s'il repassait les Pyrénées, les Français le saisissaient, le traînaient dans le Nord et le laissaient expirer au fond d'une prison.

C'est à Toulouse que j'appris cette destitution; je révoquai en doute l'ordre du Roi, le supposant apocryphe. Il m'expliquait, il est vrai, l'embarras de Don Carlos, l'air distrait de la Reine, en un mot leur taciturnité; mais était-ce là une explication?

On sait aujourd'hui les détails d'un des plus cruels martyres ou du plus lâche assassinat qu'un mortel puisse éprouver. Ce fier guerrier, ce politique habile, ce grand d'Espagne sexagénaire, fut mis à nu sur l'un des bords de la Sègre, garrotté, bafoué, attaché à une pierre et lancé dans les flots qui, plusieurs mois après, révélèrent et déposèrent sur la rive le cadavre du comte affreusement mutilé. Les assassins qui l'avaient noirci dans l'esprit du Roi, l'avaient aussi signalé au public comme un complice du perfide Maroto. Ils avaient immolé à la fois sa gloire et sa personne, et le royalisme, à son ordinaire, trop crédule aux calomnies des détracteurs des siè:s, se taisait dans l'indifférence, quand il ne s'égarait point dans le langage injurieux du doute !

Blessé de tant d'injustices, j'écrivis à Bourges à mon ami, le marquis de Barbançois, le même qui avait été mêlé à l'expédition de Mme la duchesse de Berry, pour le prier d'annoncer à Don Carlos l'intention dans laquelle j'étais, de rendre à la mémoire du malheureux général un éclatant hommage. A cette annonce, Don Carlos fut consterné; il me fit prier, supplier d'attendre encore, de garder le silence, de m'en rapporter à sa foi et à sa justice. J'obéis, je me tus, et les appréciations équivoques n'en pèsent pas moins sur la mémoire de l'héroïque et intègre comte d'Espagne.

FIN.

INDEX DES NOMS CITES

A

AGOULT (vicomtesse d'), 28, 82.
ALCUDA (comte de l'), 281, 311.

B

BARANDE, 41.
BAULNY (DE), 129.
BEAUREGARD (DE), 119.
BERNADOTTE, 9.
BERNETTI (cardinal), 277.
BERRY (duchesse DE), 27, 36.
BERTHIER (Ferdinand DE), 2.
BEYRA (princesse DE), 244, 284.
BILLOT, 151, 153, 169.
BLACAS (duc DE), 5, 33, 44, 57, 83, 90, 151.
BLACAS (duchesse DE), 28-68.
BLANQUART-BAILLEUL (Monseigneur DE), 126.
BOURBON (duc DE), 161.
BOUILLÉ (comte DE), 78, 159, 169.
BONALD (DE), 135.
BOURGON (docteur), 29, 113, 152, 245.
BOURMONT (maréchal DE), 278, 279.
BOYER-FONFRÈDE, 103.
BRUNE (maréchal), 103, 105.
BRIANT, 120.
BRISSAC (Emmanuel DE), 236, 244, 248, 264.

C

CABRERA (général), 313, 314.
CANARO, 288.
CARLOS (DON), 112, 244.
CARLOTTA, 285.
CHARTRES (duc DE), 39.
CHATEAUBRIAND, 93, 133, 145.
CHOTECH (comte DE), 8, 78, 79, 80.
CHRISTINE, 285.
CLAUSEL (général), 103.
CLERMONT-TONNERRE (marquis DE), 174.
COLOMARDE, 287.
CORBIÈRE, 60.
COUCHY, 169, 242, 243.
CUSTINI (comte DE), 244, 295.

D

Damas (baron DE), 52, 86, 159.
Damas (baronne), 7.
Daun (comte), 284.
Decazes, 112.
Deplace (Père), 50.
Druilhet (Père), 50.

E

Espagne (comte d'), 314, 315.
Estourmel (comte d'), 164.
Évora (archevêque d'), 267, 268.

F

Falloux (monsignor DE), 251, 255, 266, 269.
Fieschi, 134.
Fouché, 66, 233.
Frayssinous (Monseigneur DE), 52, 113, 200.

G

Genoude (DE), 119.
Gontaut (duchesse DE), 38, 44, 53, 71, 115.
Grammont (duc et duchesse DE), 40.
Gros, 29.

H

Hautpoul (comte d'), 78, 159.
Haranguier (d'), 298.

J

Jauge, 132.
Janson (cardinal), 126.
Juan (Don), 292.
Justiniani (cardinal), 277.

K

Kollowrath (comte DE), 79.

L

Lambruschini (cardinal), 127, 252, 255, 265, 275.
Latil (cardinal DE), 23, 28, 30, 32, 68, 70, 83, 113, 140, 261, 265.

M

Max (prince), 81.
Massimi (prince), 252, 269.
Maroto, 314.
Maurepas (comte DE), 94.
Metternich (prince DE), 8, 10, 18, 20, 79, 153, 257, 282.
Mérode (comtesse DE), 231.
Méquignon, 135.
Mouchy (duc et duchesse DE), 170.
Modène (duc DE), 257.
Montbel (comte et comtesse DE), 151, 154, 160, 163, 199.
Montesquiou (abbé DE), 97.
Montholon (comte DE), 160.
Montgaillard (comte DE), 142.
Mouton, dit Lobau (maréchal), 130.

INDEX DES NOMS CITÉS.

Mounier, 141, 169, 278.
Mortier (maréchal), 129.
Mortemart (comte de), 106.

N

Nassau (prince de), 81.
Ney (maréchal), 102, 105.
Nicolay (marquise de), 159-207.
Noailles (comte et comtesse de), 170.

O

Orléans (duc d'), 2, 81.
O'Gherty, 159, 169, 194.
Oultremont (mademoiselle d'), 230.

P

Polignac (prince de), 88, 241, 246.
Pacca (cardinal), 277.
Pozzo di Borgo (comte), 67, 253.
Puisaye (comte de), 84.

Q

Quélen (Monseigneur de), 124, 126, 128.

R

Ramel (général), 104.
Ravez, 6.
Rémusat (de), 104.

Retz (abbé de), 278, 280.
Régnier (archiduchesse), 256.
Rohan (prince de), 27.
Rohan (princesse Berthe de), 161.
Roothen, général des Jésuites, 278.
Rosaven (Père), 278.
Rubichon, 278.

S

Salmon, 288.
Saint-Aulaire (marquis de), 212.
Saint-Chamand (comte de), 28, 68, 77, 113, 159.
Saint-Priest (comte de), 286, 290.
Sébastien (Don), 284.
Senfft (comte de), 8, 11, 214, 227.
Stuart, 253.
Sigray (de), 160.

T

Talleyrand (de), 66, 144, 239.
Tatischeff (de), 154, 194.
Timan (colonel), 301, 311.
Trébuquet (abbé), 28, 52, 77.

V

Vergennes (de), 95.
Villèle (comte de), 14, 119, 133.
Villatte (la), 49.

VILLLENFUVE - BARGEMONT (Alban DE), 3.
VILLENEUVE (Marie-Thérèse DE), 112.

W

WALSH (vicomte Édouard DE), 165, 168.

WELLINGTON (duc DE), 67, 87.
WELD (cardinal), 89.
WERSTOLK (baron DE), 214.

Z

ZUMALACARREGUY, 84, 295.

www.ingramcontent.com/pod-product-compliance
Lightning Source LLC
Chambersburg PA
CBHW060508170426
43199CB00011B/1366